조선 왕실의
자녀교육법

— 신명호 지음 —

조선 왕실의 자녀 교육법

혜경궁 홍씨, 인수대비, 사주당 이씨에게서 조선시대의 총명하고 어진 자녀 교육법을 배운다

시공사

옛사람들은 나라의 세자를
교육하는 데 더욱 신중을 기하였습니다.
그 까닭은 세자가 위로 왕업을 이어받고
아래로 천하의 운명을 좌우하기 때문입니다.
더구나 세자는 지위와 권세가 한없이 높아
방종하기 쉬우니 미리미리 바르게 교육하는
방법을 더욱 시급하게 서둘러야 합니다.
—『중종실록』 권 27, 12년 1월 을미조

| 차례 |

육아는 중용의 도를 따른다

원자 교육은 품성 교육에서 시작한다

세자는 제왕이 갖춰야 할 예와 실무를 배운다

훌륭한 국왕은 끊임없는 공부로 만든다

훌륭한 자녀는 화목한 부모가 만든다

나에게는 세 명의 어린아이가 있다. 대학에서 강의를 시작한 지도 꽤 되었다. 아이들 교육과 학교 교육은 필자에게 더없이 절실한 문제이다.

아이들을 키우면서, 또 학생들을 가르치면서 고민이 적지 않다. 아이들과 학생들의 몸과 마음이 기대만큼 건강하지가 않다. 세상을 살아가는 데 필요한 경쟁력도 불안하다. 현재의 제도 교육도 만족스럽지가 않다.

솔직히 나는 두렵다. 세상의 경쟁은 점점 더 치열해지는데 아이들과 학생들을 잘못 가르쳐 낙오자로 만들면 어쩌나 하는 두려움이다.

아이들이 세상을 행복하게 살아가기 위해서는 몸과 마음도 건강해야 하고 경쟁력도 갖추어야 한다. 그러나 정작 아이들의 행복을 담보할 경쟁력은 무엇일까, 진정한 행복은 무엇일까 자문해 보면 자신이 없다. 아이들에게 무엇을 가르칠 것인지, 필요한 지식은 언제부터 어떻게 가르칠 것인지, 어떤 방식으로 가르칠 것인지 등등 세부적인 문제로 들어가면 답이 잘 나오지 않는다.

생각해 보면 이것은 무지와 태만의 소치이다. 교육 철학, 인간관, 역사관 등에 대한 통합적인 식견과 전망도 부족하고 그 부족함을 채우려는 노력도 부족한 것이 원인이리라. 불혹의 나이가 넘도록 역사를 공부했는데 정작

내 아이들 문제에서도 무지와 태만만 드러내는 스스로에게 자괴감이 들기도 한다.

그러나 나는 역사에서 희망을 찾으려고 한다. 배운 것이 역사이고 지금이곳에서 일어나는 문제들도 역사에서 비롯되었으니 문제 해결의 실마리도역사에 있을 것이라 믿기에 그렇다.

이런 생각에서 나는 전통시대의 교육을 주목한다. 그중에서도 전통시대 교육의 정수라 할 조선 왕실의 교육이 주 관심이다.

조선 왕실의 교육은 넓게 보면 조선시대의 산물이다. 그 시대 사람들의교육관, 인간관, 역사관 등이 왕실 교육에 압축되어 있다. 그런 점에서 조선왕실의 교육을 이해하기 위해서는 몇 가지 배경 지식이 필요하다.

조선시대 사람들의 교육관

심청, 춘향 그리고 흥부는 우리에게 익숙한 판소리의 주인공들이다. 이중에서 심청은 효녀의 대명사로 기억된다. 그래서 그냥 심청이라고 부르지않고 효녀 심청이라고 한다.

그런데 교육환경이라는 면에서 본다면 심청은 심각한 결손가정의 아이였다. 심청은 태어난 지 초칠일도 되기 전에 어머니를 여의고 홀아버지 밑에서 자랐다. 아버지 심 봉사는 사실상 동네 걸인이었으며 심청은 제대로 교육을 받지도 못했다. 심청은 예닐곱 살이 되면서부터 직접 동냥을 하러 다녔다. 거지 홀아버지의 거지 딸. 이것이 어린 심청이의 적나라한 가정환경이었다.

그럼에도 불구하고 심청은 착하고 예쁘게 자라났다. 최악의 결손가정 아이가 어떻게 그럴 수 있었을까?

그날 밤에 어찌 했던지, 과연 그 달부터 태기가 있었다. 곽씨 부인은 마음을 어질게 가지고, 바르지 않은 자리에는 앉지 않고, 깨끗하지 않은 음식은 먹지 않으며, 음탕한 소리는 듣지 않고, 나쁜 것은 보지 않으며, 가장자리에는 서지 않고, 삐뚤어진 자리에는 눕지 않았다. 이렇게 하면서 열 달이 되니 하루는 해산기가 있었다.

— 『완판본 심청전』*

심청이의 어머니 곽씨 부인은 태교를 했다. 심청이가 그 어려운 가정환

---

* 정하영 역주, 『심청전』, 고려대학교 민족문화연구소, 1995.

경에서도 착하고 예쁘게 자랄 수 있었던 배경에는 태교가 있었다는 것이 심청전의 메시지이다. 이는 우리 조상들이 자녀 교육에서 부모의 역할과 교육의 효과를 깊이 신뢰하고 있었음을 보여준다.

이같은 사실은 현재에도 널리 알려져 있는 '맹모삼천지교'라는 이야기에 잘 드러나 있다. 맹자는 심청과 반대로 아버지를 일찍 여의고 편모슬하에서 자라났다. 맹자의 어머니는 비록 거지는 아니었지만 그리 넉넉한 형편도 아니었다. 이런 가정환경에서 자란 맹자가 어떻게 훗날 동양을 대표하는 위대한 학자가 되었을까?

맹자의 어머니를 맹모(孟母)라고 부른다. 처음에는 집이 공동묘지 가까이에 있었다. 맹자가 어렸는데, 좋아하는 놀이가 장례놀이였다. 맹자가 장례놀이를 하며 발을 구르고 땅을 다지니 맹자의 어머니가 생각하기를 '이곳은 내가 아들을 살게 할 곳이 아니로구나.' 하고는 시장 근처로 이사를 갔다. 그러자 맹자는 장사꾼 놀이를 하면서 물건 파는 흉내를 냈다. 맹자의 어머니는 또 생각하기를 '이곳 역시 내가 아들을 살게 할 곳이 못 되는구나.' 하고는 다시 학교 근처로 이사를 갔다. 그러자 맹자는 학교놀이를 하면서 공부하는 흉내를 냈다. 맹자의 어머니는 생각하기를 '진실로 내 아들을 살게 할 곳이로다.' 하고는 드디어 눌러 살았다. 맹자는 자라나 군자가 갖춰야 할 여섯 가지 기예를 학습하여 마침내 위대한 학자가 되었다.

— 『열녀전(列女傳)』 모의전(母儀傳), 추맹가모(鄒孟軻母)

위의 이야기는 사실 여부를 떠나 우리 조상들의 자녀 교육관에 크나큰 영향을 끼쳤다. 무엇보다도 우리 조상들은 어린 자녀의 교육환경이 중요하다는 점과 교육환경은 부모에게 달려 있다는 점에 공감했다. 특히 물적 환경보다는 태교와 같은 인적 환경을 더 중시했다.

부모의 만남에서부터 자녀 교육이 시작된다

조선시대 사람들은 자녀 교육을 태교에서부터 시작하였을까? 사실은 그렇지 않다. 부모의 만남에서부터 자녀 교육이 시작된다고 생각하였다.

조선시대 왕실 교육의 기본 이론서로 사용된 『대대례(大戴禮)』*라는

---

* 중국 한나라의 대덕(戴德)이라는 사람이 편찬한 유교 경전으로 『대대례기(大戴禮記)』라고도 한다. 대덕은 『예기(禮記)』의 편찬자인 대성(戴聖)의 삼촌이다. 대덕이 삼촌이므로 대대(大戴)라고 하고 조카인 대성은 소대(小戴)라고 한다. 그러므로 대성의 『예기』는 『소대례(小戴禮)』라고도 불렀다. 대덕의 『대대례』와 대성의 『예기』는 유교의 대표적인 예법서이다. 특히 『대대례』의 보부편(保傅篇)은 문왕의 손자이며 무왕의 아들인 성왕의 교육에 관한 내용을 싣고 있는데, 성왕이 태어난 이후부터 어른이 되기 이전까지의 유아 교육, 아동 교육이 주요 내용이다. 이런 이유로 『대대례』는 조선 왕실 교육의 기본 이론서로 이용되었다.

책에 다음과 같은 내용이 있다.

> 『주역』에 이르기를 "근본을 바르게 하면 만물이 다스려지지만 근본이 조금이
> 라도 잘못되면 커다란 잘못이 생긴다. 그러므로 군자는 처음 시작을 신중하게
> 한다."고 하였다. 『춘추』의 원년(元年), 『시경』의 관저(關雎), 『예기』의 관혼(冠
> 婚), 『주역』의 건곤(乾坤)이 모두 처음 시작을 신중히 하고 끝을 공경히 하는
> 것이다.
> 처음 시작을 정성스럽게 하면 후에 크게 번성하게 된다. 그러니 자손을 위하
> 여 며느리나 사위를 얻을 때는 반드시 효도하고 공손하며 대대로 의를 행하는
> 사람을 골라야 한다. 이렇게 하면 그 자손은 인자하고 효성스러워 감히 음란
> 하거나 난폭하지 않을 것이다.
> ― 『대대례』 보부편(保傅篇)

『시경』의 관저(關雎)는 중국 주나라의 건국시조 문왕이 좋은 배필을
구하기 위해 오매불망 애쓰는 모습과 좋은 배필을 구한 후에 기뻐하는 모습
을 노래하는 시다.

문왕의 배필로 들어온 여성이 태사(太似)였다. 그녀는 남편을 잘 내조
하였을 뿐만 아니라 무왕이라고 하는 훌륭한 아들을 낳아 길렀다. 태사의

내조와 자녀 교육에 힘입어 문왕과 무왕은 중국 역사상 최고의 이상국가로 알려진 주나라의 건국시조가 될 수 있었다. 이런 이유에서 태사는 그녀의 시어머니 태임(太任)과 함께 중국을 대표하는 '현모양처'가 되었다.

공자는 『시경』의 맨 앞에 관저를 편집함으로써 배우자 선택의 중요성을 다음과 같이 강조하였다.

마주보고 우는 저 물새들 정답게 모래섬에 있으니
關關雎鳩 在河之洲
훌륭한 덕을 갖춘 요조숙녀는 군자의 좋은 배필이로다
窈窕淑女 君子好逑
들쭉날쭉한 마름 풀을 이리저리 찾아다니듯
參差荇菜 左右流之
훌륭한 덕을 갖춘 요조숙녀를 자나 깨나 찾는도다
窈窕淑女 寤寐求之

찾고 찾아도 얻지 못해 자나 깨나 생각하니
求之不得 寤寐思服
생각하고 생각하다가 잠 못 이루어 돌아눕노라

悠哉悠哉 輾轉反側

들쭉날쭉한 마름 풀을 이리저리 얻었으니
參差荇菜 左右采之
훌륭한 덕을 갖춘 요조숙녀를 금슬로 벗하노라
窈窕淑女 琴瑟友之
들쭉날쭉한 마름 풀을 이리저리 골랐으니
參差荇菜 左右芼之
훌륭한 덕을 갖춘 요조숙녀를 종과 북으로 즐거워하노라
窈窕淑女 鐘鼓樂之

공자는 위의 시를 논평하면서 문왕은 좋은 배우자를 구하지 못했을 때 슬프기는 하지만 상심하지 않았고 반면 좋은 배우자를 만났을 때 즐겁기는 하지만 음란하지 않았다고 하였다.* 조선시대 사람들은 문왕의 이런 마음자세를 배우고 본받아 최고의 배필을 구하고자 노력하였다.

남녀의 만남은 동시에 자녀의 문제이기도 하다. 그런 면에서 좋은 자녀

---

* "子曰 關雎 樂而不淫 哀而不傷"[『논어』 팔일(八佾)]

교육은 좋은 남녀의 만남에서 시작된다. 모든 일에서 처음이 중요하듯이 자녀 교육에서도 부모의 만남이 가장 중요하다는 것이 우리 조상들의 생각이었다.

부부간의 화목과 예절

태교나 유아 교육에서는 아무래도 여성의 역할이 중요하다. 그렇다고 남성의 역할이 전혀 없는 것은 아니다. 여성 혼자보다는 화목한 부부가 함께 하는 것이 훨씬 좋다. 그런 점에서 태교와 유아 교육을 잘 하려면 부부관계가 화목해야 한다.

자유연애가 없던 조선시대 부부들은 사랑으로 혼인한 것이 아니었다. 싫다고 자유 이혼이 허용되지도 않았다. 의지와 관계없이 혼인한 후에는 좋건 싫건 평생을 함께 살며 자녀들을 낳아 길러야 했다. 이런 상황에서 그 시대 사람들은 어떻게 화목한 부부관계를 유지하였을까?

부부는 서로 의지하여 함께 늙어가는 사이이니 잠깐 동안의 인연이 아니다. 부인은 사소한 일이라도 반드시 남편과 의논하여 처리하고 자기 마음대로 하지 말아야 한다. 남편과 의논하지 않고 마음대로 처리하면 부인의 도리가 아니다.

부인은 시댁의 허물을 친정 부모에게 알리지 말아야 한다. 이런 행동은 단지 친정 부모에게 쓸데없는 걱정만 끼칠 뿐이다. 알린다고 무슨 보탬이 되겠는가? (중략)

부부가 사이좋게 지내어 죽을 때까지 한 방에서 같이 생활하다 보면 서로 간에 거만하고 무례한 행동이 생기게 된다. 부부 사이에 거만하고 무례한 행동이 생기면 심한 말도 하게 된다. 그러면 남편은 반드시 과격한 행동을 하게 되고 부인은 남편을 무시하는 마음이 생기게 된다. (중략)

부인이 노골적으로 남편을 무시하면 남편은 부인에게 욕도 하고 홧김에 손찌검도 할 것이다. 부부라고 하는 것은 은혜와 의리로써 화목해야 하는 사이이다. 그런데 부부 사이에 욕설과 손찌검이 오간다면 무슨 은혜와 의리가 남아 있겠는가? 은혜와 의리가 모두 없어지면 부부는 이혼하게 된다.

— 『내훈(內訓)』* 부부장(夫婦章)

---

* 성종의 생모인 인수대비가 왕실 여성들을 가르치기 위해 편찬한 궁중 여성 교과서. 인수대비는 수양대군의 큰며느리이며 성종을 낳은 여성으로 잘 알려져 있다. 인수대비는 조선 초기의 여성이었는데도 한문과 유교 경전을 잘 알았다. 이런 식견을 바탕으로 인수대비 한씨는 왕이 될 수 없었던 처지의 시아버지 수양 대군을 왕으로 만드는 데 큰 역할을 했다. 남편이 일찍 세상을 떠나는 바람에 왕비가 되지는 못했지만 자신의 둘째 아들을 왕으로 만들었는데 그분이 훗날의 성종이다. 이로써 인수대비는 세조, 예종, 성종, 연산군 대에 궁중의 실세로서 막강한 영향력을 행사했다. 이런 인수대비가 편찬한 책이었기에 『내훈』은 조선시대 내내 왕실 여성들이 꼭 봐야 할 책으로 여겨졌다.

부부간의 화목은 은혜와 의리를 통해 유지되며, 그 은혜와 의리는 서로 간의 예절로 지켜진다는 것이었다. 이렇게 예절을 통한 은혜와 의리로써 조선시대 사람들은 부부간의 화목을 유지할 수 있었다.

임신과 태교

조선시대 사람들은 좋은 자녀 교육의 전제조건은 선남선녀가 만나 화목한 부부의 인연을 맺는 것이라 생각했다. 임신과 관련한 부부생활에서는 남편의 역할을 강조하였다.

> 남편은 부인과 안방에서만 동침하고 다른 곳에서는 동침하지 말아야 한다. 남편이 병들었을 때나 상중(喪中)일 때는 부인과 동침해서는 안 된다. 비바람이 세차거나 천둥이 치는 날에는 마음을 더더욱 가다듬어 헛된 욕정이 솟구치지 않도록 해야 한다. 이렇게 조심하고 조심하여 자녀를 낳는 것이 아버지 된 자의 도리이다.
> ─ 『태교신기(胎敎新記)』*

임신하고 열 달 가량 지나면 출산한다. 이 열 달의 임신 기간 중 뱃속의 태아에게 하는 교육이 태교이다. 조선시대 사람들은 임신 몇 개월부터 태교를 시작하였으며, 또 어떤 식으로 태교를 하였을까?

> 임신한 지 석 달이 지나면 태아는 남녀의 모습을 갖추고 어머니가 보는 것을 따라 본다. 그러므로 이때부터 임신부는 반드시 훌륭한 사람을 가려서 보아야 하고 물건도 좋은 물건을 골라 보아야 한다. 뿐만 아니라 좋은 책과 좋은 그림을 가려서 보아야 한다. 반면에 좋지 않은 사람, 물건, 놀이, 일, 동물, 식물 등은 보지 말아야 한다.
>
> ─ 『태교신기』

태아는 임신 석 달 후 사람의 모습을 갖추고 그 시점부터 어머니를 통해 시청각적 자극을 받는다는 것이다. 그러므로 태아에게 전해지는 좋은 자극은 좋은 결과를 가져오고 나쁜 자극은 나쁜 결과를 가져온다고 믿었다.

조선시대 사람들은 임신 중의 태아가 매달 어떻게 변해가는지 상식적

---

* 사주당(師朱堂) 이씨라고 하는 조선 후기 여성의 저술. 사주당 이씨는 여성임에도 불구하고 주자학에 정통한 대학자였다. 사주당이라는 당호(堂號)도 주자를 스승으로 삼겠다는 의미라고 할 수 있다. 『태교신기』는 주자 같은 위대한 학자도 정리하지 못한 태교의 이론과 실제를 자신이 해내겠다는 당찬 포부에서 저술되었다. 동양 태교의 이론과 실제를 종합한 불후의 명작이라 할 만하다.

으로 알고 있었다. 태아의 발달과정은 의학적 지식이지만, 당시 여성들은 노래나 구전 또는 불교신앙 등을 통하여 그것을 알았다. 예컨대 『부모은중경(父母恩重經)』에 다음과 같은 내용이 나온다.

어머니는 임신한 열 달 동안 몹시 고생을 하신다. 임신된 태아는 첫 달에 마치 풀끝에 맺힌 이슬과 같아 아침에 있다가 저녁에 없어지고 새벽에 왔다가 오후에 흩어지는 것처럼 사라지기도 한다. 두 달째의 태아는 마치 엉긴 우유와 같은 상태이다. 석 달째의 태아는 피가 엉긴 것과 같은 모습이다. 네 달째의 태아는 점점 사람의 형상을 갖추게 된다. 다섯 달째의 태아는 사지와 머리가 갖추어진다. 여섯 달째의 태아는 눈, 귀, 코, 입, 혀, 마음이 갖추어진다. 일곱 달째의 태아는 360개의 뼈마디와 8만 4천 개의 털구멍이 생긴다. 여덟 달째의 태아는 의지와 지혜가 생기고 외부와 통하는 아홉 기관이 자란다. 아홉 달째의 태아는 어머니의 배에서 먹고 마신다. 복숭아, 배와 마늘은 먹지 않지만 오곡은 맛본다. 어머니의 간, 심장, 비장, 폐 등의 장기는 아래를 향하고 위, 대장, 소장, 방광 등의 장기는 위를 향해 있는데 그 사이에 산과 같은 것이 있다. 이 산은 세 가지 이름이 있는데 수미산, 업산, 혈산이다. 이 산이 한번 무너지면 하나의 엉긴 피가 되어 아이의 입으로 들어간다. 열 달이 되면 태아는 비로소 태어나는데 만약 효성스럽고 순종하는 자식이면 팔을 위로 올리고 손을 마주한 채 태어나서 어머니를 상하지 않게 한다. 그러나 다섯 가지 무거운 죄를 지을 자식이면 어머니의 태반을 찢고 손으로 어머니의 심장과 간을 꼭 잡고 발로 어머니의 골반을 밟고 서서 나오지 않으려고 한다. 그래서 어머니에게 천 개의 칼로 배를 휘젓고 만 개의 칼로 심장을 찌르는 듯한 고통을 준다. 어머니는 이와 같이 괴로워하며 이 몸을 낳고도 또 열 가지 은혜가 있으시다.

— 『부모은중경』*

여성들뿐만 아니라 유학자들도 태교의 중요성을 잘 알고 있었다. 그들은 평상시 공부하는 유교경전을 통하여 동양 태교의 기본 이론을 학습했다. 조선시대 유학자들의 필독서였던 『소학』**의 첫 부분이 태교였던 것이다.

---

* 최은영 옮김, 『부모은중경』, 홍익출판사, 1999.
** 중국 남송대의 대학자 주자와 그의 제자 유청지가 공동 편찬한 아동 교육서. 고려 말 성리학이 수용될 때 우리나라에 들어온 후 성리학자들, 특히 사림파들의 필독서가 되었을 뿐만 아니라 서당이나 서원에서 학습하는 기초 필수 과목이기도 하였다. 조선시대 왕세자가 공부하는 첫 번째 교과목도 주로 이 책이었다. 『소학』의 맨 앞에 다음과 같은 태교에 관한 내용이 실려 있다.
"옛날에 여자가 임신했을 때는 잠잘 때 옆으로 누워 자지 않았으며, 자리에서는 모서리에 앉지 않았으며, 짝발로 삐딱하게 서지도 않았다. 또한 이상한 맛이 나는 음식이나 제 모양대로 똑바로 썰지 않은 음식은 먹지 않았다. 앉을 자리가 바르게 놓여 있지 않으면 앉지 않았다. 눈으로는 마음을 어지럽히는 색을 보지 않았으며, 귀로는 음란한 소리를 듣지 않았다. 밤이 되면 눈 먼 장님에게 시를 외우게 하거나 올바른 일을 이야기하도록 했다. 이와 같이 하면 용모가 준수하고 재주가 보통 사람보다 뛰어난 아이를 낳는다고 했다."

조선시대 사람들의 부부생활과 태교는 이같은 동양 의학적 지식에 바탕을
두고 있었다.

신체 발달 과정에 따른 교육

아이들의 몸과 마음은 자라면서 끊임없이 변화한다. 강보에 싸여 있던
아이는 곧 기어다니고 젖을 떼며 밥을 먹고 말도 하기 시작한다. 몸이 커가
면서 행동 반경도 넓어지고 자기주장도 강해진다.

당연히 자녀 교육의 내용과 방법도 신체 발달 과정에 따라 변할 수밖에
없다. 이런 면에서 좋은 자녀 교육이란 신체 발달 과정에 적합한 교육이라
할 수 있다. 조선시대 사람들도 이런 사실을 잘 알고 있었다.

> 무릇 자녀를 낳은 다음에는 유모를 골라야 한다. 유모는 반드시 성품이 너그
> 럽고 인자하며, 온화하고 공손하며, 행동이 조심스럽고 말이 적은 사람을 선
> 택하여 아이의 스승으로 삼아야 한다.
> 아이가 스스로 밥 먹을 때가 되면 오른손을 써서 먹게 가르친다. 아이가 말을
> 할 때가 되면 남자아이는 재빨리 대답하고 여자아이는 천천히 대답하도록 가
> 르치며, 남자아이의 허리띠는 가죽으로 만들고 여자아이의 허리띠는 실로 만

든다. 여섯 살이 되면 숫자와 동서남북의 방향을 가르친다. 일곱 살이 되면 남자아이와 여자아이가 함께 자리에 앉거나 음식을 먹지 않도록 한다. 여덟 살이 되면 문을 드나들거나, 자리에 앉거나, 음식을 먹을 때에 반드시 나이든 어른이 먼저 하도록 하여 겸손한 마음을 가지도록 가르친다.

아홉 살이 되면 날짜 헤아리는 것을 가르친다. 열 살이 되면 외부에 있는 스승을 찾아가 그곳에서 머물며 한문과 수학을 배운다. 이때 저고리나 바지는 비단으로 만들어 입히지 않으며, 초보적인 예절을 실천하도록 한다. 아침저녁으로 어린아이가 어른에게 갖춰야 할 예의를 배워야 하는데, 그중에서 이해하기 쉽고 실천하기 쉬운 것을 청해서 학습하도록 한다. 열세 살이 되면 음악을 배우고 시를 외우며, 단아한 노래에 맞추어 춤을 춘다. 열다섯 살이 되면 용맹한 노래에 맞추어 춤을 추며, 활쏘기와 말 타기를 배운다.

— 『소학』 입교(立教)

신체 발달 과정은 기본적으로 의학 지식과 관련이 있다. 유교적 교육 이론가들은 아동의 신체 발달 과정에 대한 동양 의학적 식견을 바탕으로 각각의 단계에 적합한 행동 예절과 학습 내용을 구별하였던 것이다. 조선시대 왕실의 교육 과정도 여기에 기초하고 있었다.

조선 왕실의 교육 목표는 궁극적으로 문왕이나 무왕 또는 주공처럼 이상적인 지도자를 육성하는 데 있었다. 문왕과 무왕은 중국 역사상 최고의 이상국가로 평가되는 주나라를 세운 건국 영웅이고 주공은 주나라의 제도를 창출한 문화 영웅이었다. 수천 년 동양 역사의 중심을 관통하는 제도와 이념을 창조한 사람들이 바로 문왕, 무왕, 주공이었다. 공자, 맹자, 주자 등 동양을 대표하는 유학자들은 문왕, 무왕, 주공을 인류역사 최고의 지도자로 이상화했다. 유교 국가였던 조선에서도 마찬가지였다.

문왕, 무왕, 주공은 어떻게 그처럼 위대한 지도자가 될 수 있었을까? 천성적으로 타고났을까? 교육으로 그렇게 되었을까?

이에 대한 유교 지식인들의 대답은 분명했다. 천성적인 면도 있지만 보다 중요한 것은 교육의 힘이라 믿었다.

문왕은 오매불망 고심하여 좋은 배필을 맞이하였고 화목한 부부관계를 유지하였다. 문왕의 어머니 태임 그리고 무왕과 주공의 어머니 태사는 임신 중에 태교를 실천했다. 자녀들이 태어난 이후에는 신체 발달 과정에 따른 교육을 실시하였다. 문왕, 무왕, 주공은 이런 교육의 결과라는 것이 조선시대 유교 지식인들의 결론이었다. 조선 왕실의 양생, 부부생활, 임신, 태교, 육아, 원자 교육, 세자 교육, 국왕 교육은 이같은 교육 철학과 교육 방법의 결과였다.

자녀 교육은
임신 전부터 시작된다

현명한 어머니가 길러낸 어진 임금_정조

정조 正祖 (1752~1800) 조선의 제22대 왕. 영조의 손자로 아버지는 장헌세자 (莊獻世子 : 思悼世子), 어머니는 영의정 홍봉한(洪鳳 漢)의 딸 혜경궁홍씨(惠慶宮洪氏:惠嬪)이다. 1759년(영조 35) 세손에 책봉되고, 1762년 2월에 좌참찬 김시묵(金時默)의 딸 효의왕후(孝懿王后)를 맞아 가례를 치렀 다. 이 해 5월에 아버지가 뒤주 속에 갇혀 죽는 광경을 목도해야 했다. 1764년 2월 영 조가 일찍 죽은 맏아들 효장(孝章)세자의 뒤를 이어 종통을 잇게 하였다. 1776년 3월 영조의 승하로 왕위에 올랐다. 재위 18년째인 1794년에 발병한 절후(癤候), 즉 부스 럼이 피부를 파고드는 병이 격무와 과로로 아주 심해져 1800년 6월 28일에 49세로 일 생을 마쳤다.

정조는 혜경궁 홍씨와 사도세자의 아들이다. 정조는 비록 왕세자의 아들로 태어났지만 어린 시절의 가정환경은 좋지 않았다. 아버지와 할아버지가 불화하여 가정이 늘 위태위태하였다.

정조가 열한 살이 되던 해에는 할아버지가 아버지를 쌀뒤주에 가둬 죽이는 참극이 일어나기도 했다. 그런 가정환경에도 불구하고 정조는 조선 후기를 대표하는 훌륭한 왕으로 자라났다.

어떻게 그럴 수 있었을까? 왕실 교육의 힘이 결정적이었다고 할 수 있다. 특히 어머니 혜경궁 홍씨의 역할이 컸다.

혜경궁 홍씨는 열 살에 사도세자와 혼인을 한 뒤 열여섯 살이 되던 해에 첫 아이를 보았다. 하지만 그 아이는 세 살이 되던 해 봄에 세상을 떠나고 말았다. 그즈음 혜경궁 홍씨는 둘째 아이를 임신한 상태였는데, 이 아이가 훗날의 정조이다.

임신 중에 세 살짜리 큰아들을 잃은 열여덟 살 젊은 여인의 마음이 어떠했을까? 게다가 남편인 사도세자는 당시 정신질환 증세를 보이며 부왕 영조에게 미움을 받고 있었다. 그 비통하고 불안한 상황 속에서도 혜경궁 홍씨는 뱃속의 아이를 위해 마음을 다잡았다.

정조의 태몽은 사도세자가 꾸었다고 한다. 사도세자는 혜경궁 홍씨가 임신하기 두세 달 전에 용이 침실에 들어와 여의주를 가지고 노는 꿈을 꾸었다. 태몽임을 직감한 사도세자는 그 용을 흰 비단에 그려 벽에 걸어놓았다. 물론 혜경궁 홍씨도 그 용 그림을 보았다.

요컨대 혜경궁 홍씨나 사도세자는 아들이 임신될 것임을 미리 알았던 것이다. 그러므로 사도세자와 혜경궁 홍씨는 정조를 임신하기 이전부터 태교에 신경 썼을 것이 분명하다. 또한 임신 중에 큰아들을 잃은 혜경궁 홍씨는 뱃속의 정조를 위해 더더욱 태교에 정성을 기울였을 것이다.

영조 28년(1752) 9월 22일에 혜경궁 홍씨는 창경궁 경춘전에서 정조를 낳았다. 봄에 큰아들을 잃고 가을에 둘째 아들을 본 것이다.

정조가 출생한 직후에 궁중에는 홍역이 크게 돌았다. 정조는 산후 삼칠일이 되기도 전에 낙선당으로 비접을 갔다. 사도세자, 혜경궁 홍씨, 정조, 궁녀들이 모두 홍역을 앓았는데, 천우신조인지 무사히 지나게 되었다.

홍역을 앓은 이후 정조는 무럭무럭 자라나 돌 즈음에는 이미 글자를 읽었다. 정조의 어린 시절은 왕실 교육의 전형을 그대로 보여주고 있다.

정조가 세 살 되던 해에 영조는 보양관(輔養官)을 뽑아 정조를 돌보게 했다. 네 살 되던 해부터 정조는 비공식적으로 『효경』을 배우기 시작했다. 정조는 어른과 마찬가지로 일찍 일어나 세수하고 책을 읽었다고 하는데 이것은 조선 왕실의 가풍이기도 했다.

정조는 다섯 살 되던 해부터 공식적으로 원손 교육을 받기 시작했다. 영조는 정조를 위해 교육 지침을 손수 지어서 내리기까지 했다.

오늘날 한없이 많은 온갖 일 중에서 원손(元孫, 정조)을 잘 기르는 것이 가장 중요하다. 원손은 지금 다섯 살이지만 지각이 어른과 다름이 없으니 이때 교육을 소홀히 할 수 있겠는가? 『소학초략(小學抄略)』을 이미 끝냈으니, 『동몽선습(童蒙先習)』을 사흘에 한 번씩 강학하도록 하라. (중략) 한번 강학할 때 공부할 양은 두세 줄을 넘지 않도록 하여 간략함을 따르도록 힘써야 할 것이다.
— 『영조실록』 권88, 32년 10월 계유조

정조가 받은 조기 교육은 사도세자가 받은 것과 비슷하다. 그런데도 결과는 반대로 나타났다. 사도세자는 마음을 해쳐 아버지에 의해 뒤주에 갇혀 죽음을 당했는데, 정조는 훌륭한 왕으로 자라났다. 여기에서 우리는 인간을 형성하는 요인으로서 제도 교육 이외에 또 다른 무엇인가를 생각하게 된다.

그것은 아마도 유아기 때 부모의 사랑과 신뢰일 것이다. 특히 어린 시절 천재적인 재능을 보여주었고 동일한 조기 교육을 받았지만, 인간 형성에서는 정반대의 결과를 가져온 사도세자와 정조의 경우를 보면 더더욱 그렇다.

정조의 경우, 임신 전후의 태교와 유아기 때의 부모 사랑이라는 면에서 혜경궁 홍씨의

봉수당진찬도(奉壽堂進饌圖)_ 호암미술관 소장
정조가 혜경궁 홍씨의 회갑을 축하하기 위해 화성 행궁의 봉수당에서 잔치를 올리고 있다.

역할은 결정적이었다. 혜경궁 홍씨는 남편 사도세자가 정신질환을 앓게 된 원인이 유아기 때 부모의 애정 결핍에 있다고 생각했다. 이 때문에 혜경궁 홍씨는 어린 정조를 남편과 같은 정신병자로 만들지 않기 위해 한량없는 애정을 보여주었다. 아울러 출생 직후의 불안한 가정환경 속에서 어린 정조의 정서를 안정시킨 요인으로 혜경궁 홍씨를 빼놓을 수 없다.

사도세자는 정조가 태어난 이후 정신질환 증세가 점점 심해졌다. 그것은 근본적으로 부왕 영조와의 갈등에서 오는 것이었다. 부왕의 위력에 주눅이 든 사도세자는 도술에 매달리다가 다른 여자를 가까이 하여 아이까지 생겼다. 정조가 세 살 되던 해에 정조의 배다른 형제가 태어났는데, 훗날의 은언군으로서 철종의 할아버지가 되는 분이다.

이런 상황을 혜경궁 홍씨의 입장에서 생각해 보면 어떻겠는가? 세 살 된 아이가 있는데 남편은 시아버지와 극단적인 갈등을 벌이면서 정신질환을 앓고 있다. 게다가 다른 여자를 가까이 하여 아이까지 낳았다. 최악의 상황이 아닐 수 없다. 이럴 때 보통 여성은 남편과 부부싸움을 하거나 시아버지를 원망하거나 자신의 운명을 비관할 것이다.

그러나 혜경궁 홍씨는 그러지 않았다. 심지어 사도세자의 아이를 낳은 후 주변 사람들로부터 따돌림을 받는 은언군의 생모를 따뜻이 보살펴 주기도 했다.

게다가 혜경궁 홍씨는 정신질환에 시달리는 남편을 동정 어린 시선으로 바라보았다. 이같은 혜경궁 홍씨의 따뜻한 마음이 자신의 정신적 안정은 물론, 가정의 평화에 절대적인 요인이 되었다. 자칫 풍파에 휘둘릴 수 있었던 정조의 어린 시절을 안전하게 지켜준 원동력은 혜경궁 홍씨의 따뜻한 마음과 처신이었다고 할 수 있다.

혜경궁 홍씨의 지혜로운 행동은 정조가 열한 살 되던 해에 결정적으로 빛을 발했다. 이 해에 영조는 사도세자를 뒤주에 가두어 죽였다. 혜경궁 홍씨와 아이들은 친정으로 돌려보냈다. 비관한 홍씨는 처음에는 목숨을 끊으려고까지 했다.

그러나 자식의 앞날을 생각하고는 차마 그렇게 하지 못했다. 시아버지에게 남편을 잃고 친정으로 쫓겨 나왔을 때의 그 참담한 심정을 혜경궁 홍씨는 이렇게 적고 있다.

나는 스스로 목숨을 끊으려고 하다가 그렇게 못하였다. 돌이켜 생각하니 내가 죽는다면 열한 살 세손(정조)에게 너무나 큰 슬픔을 줄 것이고, 또 내가 없으면 세손이 어떻게 성취하겠는가? 참고 참아서 모진 목숨을 보전하고 하늘에 부르짖으니 만고에 나 같은 모진 목숨이 어디에 있겠는가? 세손을 친정집에 와서 만났다. 어린 나이에 놀랍고 망극한 일을 보았으니 그 서러운 마음이 어떠할까? 놀라 병이 들까 걱정이 되어 나는 세손에게 이런 말을 해주었다. "망극하고 망극하나 다 하늘이 하시는 일이다. 네가 몸을 평안히 하고 착하여야 나라가 태평할 것이며 성은에도 보답할 수 있을 것이다. 설움 중이라고 해도 네 마음을 상하지 않도록 해라."

— 『한중록』[*]

---

[*] 사도세자의 부인이자 정조의 생모인 혜경궁 홍씨의 자서전. 왕실 혼인, 궁중 생활 등 공식적인 역사서에 드러나지 않는 궁중의 이면사가 잘 드러나 있다.

혹시라도 어린 정조의 마음이 잘못될까 걱정하는 혜경궁 홍씨의 우려가 절절하게 묻어나고 있다. 남편을 시아버지에게 잃은 혜경궁 홍씨의 감정이 적지 않을 텐데, 오히려 착하게 자라나 성은에 보답하라고 정조에게 당부하는 것이다. 만약 시아버지를 원망하며 어린 아들에게 복수를 부탁했다면 정조의 앞날이 어떻게 되었을까? 혜경궁 홍씨의 지혜가 더욱 돋보인다.

영조는 열흘쯤 지난 후에 다시 혜경궁 홍씨를 입궐하게 했다. 그렇지만 영조는 며느리를 금방 만나보지는 않았다. 시아버지와 며느리가 대면한 것은 몇 달이 지나서였다.

> 홍씨 : 모자가 목숨을 부지한 것은 모두 성은이옵니다.
> 영조 : (혜경궁 홍씨의 손을 잡으며) 네가 이럴 줄을 생각지 못하고 너 보기가 어려웠다. 내 마음을 편안하게 해주니 아름답구나.
> 홍씨 : 세손(정조)을 경희궁으로 데려가셔서 가르치시기를 바라옵니다.
> 영조 : 이별하고 네가 견딜까 싶으냐?
> 홍씨 : 떠나 섭섭한 것은 작은 일이요, 위를 모시고 배우는 것은 큰일이옵니다.
> ─ 『한중록』

며느리가 원망하지나 않을까 걱정하는 영조의 우려를 혜경궁 홍씨는 말끔히 씻어주었다. 게다가 어린 정조를 맡아 가르쳐달라고까지 함으로써 영조의 마음을 편안하게 해주었다. 혜경궁 홍씨는 왜 그랬을까?

세손이 차마 나를 떨어지지 못하여 울고 가니, 내 마음이 칼로 베는 듯하나

참고 지냈다. 성은이 지중하셔서 세손을 사랑하심이 지극하셨다. 선희궁(사도
세자의 생모)께서도 아드님 정을 세손에 옮기셔 슬프신 마음을 쏟아 세손의
일상생활과 음식 등에 일일이 신경을 써주셨다. 선희궁은 세손과 한 방에 머
무시고, 새벽에는 깨워서 "날이 밝기 전에 글 읽으라" 하시고는 나가셨다.
칠십 노인이 세손과 마찬가지로 일찍 일어나셔서 조반을 잘 보살펴드리니, 세
손이 이른 음식을 못 잡수시되, 조모님 지성으로 억지로 자신다고 하셨다.
— 『한중록』

혜경궁 홍씨의 사려 깊은 행동이 아니었다면 열한 살의 어린 정조는 어
떻게 되었을까? 아마도 할아버지를 원망하고, 그 복수심으로 마음이 상했
을 것이다. 그런 위기에서 정조를 구한 것은 혜경궁 홍씨의 사려 깊은 행동
과 따뜻한 마음이었다. 혜경궁 홍씨의 지혜로운 행동으로 정조는 할아버지
영조와 할머니 선희궁의 사랑을 듬뿍 받으며 자랄 수 있었다. 영조는 사도
세자의 실패를 교훈으로 정조에게 아낌없는 사랑을 주었다. 선희궁도 마찬
가지였다. 이렇게 정조는 왕실 교육과 함께 가족들의 애정을 가득 받음으로
써 훌륭한 왕으로 자랄 수 있었다.
정조의 사례는 제도 교육만이 인간 형성의 전부가 아니라는 방증이라
고 하겠다. 물론 제도교육이 중요하지만, 그보다는 부모의 사랑, 그 가운데
서도 어머니의 사랑과 지혜가 아이의 장래에 얼마나 중요한지를 보여준다.
사랑과 지혜가 넘치는 지도자를 길러내고자 하는 것이 조선시대 왕실
교육의 목표였다. 그것은 조선시대 사람들의 인간관과 우주관, 즉 동양 의
학과 유교 철학에 기초하고 있었다.

임신 전, 임신 중, 출산 후의 교육에 대한 사주당 이씨의 견해

사주당 이씨는 자녀 교육을 크게 임신 전, 임신 중, 출산 후의 세 단계로 나누었다. 사주당 이씨는 임신 전의 교육이 가장 중요하고 그 다음은 임신 중의 태교가 중요하며 마지막은 출산 후의 교육이라고 생각했다.

"아버지가 아이를 갖게 하는 것과 어머니가 아이를 뱃속에서 기르는 것과 스승이 아이를 가르치는 것은 한가지이다. 훌륭한 의사는 병들기 전에 치료하고 잘 가르치는 사람은 문제가 생기기 전에 가르친다. 그러므로 스승이 10년 동안 가르치는 것보다 어머니가 뱃속에서 10개월간 기르는 것이 더 중요하다. 마찬가지로 어머니가 10개월간 뱃속에서 기르는 것보다 아버지가 하룻밤에 아이를 갖게 하는 것이 더 중요하다."

『태교신기』

동의보감, 그리고 퇴계와 율곡의 철학

왕실 교육을 비롯한 조선시대의 교육은 사람의 몸과 마음에 대한 인식, 즉 인간관에 토대를 두고 있었다. 그리고 당시 사람들의 인간관은 동양 의학과 유교 철학에 근거하였다.

조선시대의 유교 철학이란 구체적으로 말하면 성리학, 즉 주자학이었다. 이 주자학은 고려 말에 원나라에서 우리나라로 수용되었다.

고려 말에 주자학을 공부한 일군의 학자들이 이른바 신진사대부였다. 그들은 주자학적 신념을 바탕으로 고려 말의 정치, 경제, 외교, 사상 등에 통렬한 비판을 가하였다. 그들 중에서 일부는 혁명만이 고려 말의 상황을 바꿀 수 있다고 주장했다.

조선은 혁명을 주장하던 신진사대부들이 주동이 되어 건국한 나라였

제일태극도(第一太極圖), 『퇴계집(退溪集)』
『성학십도』 중의 첫 번째 그림. 태극과 음양오행의
작용으로 우주 만물이 생성, 조화되는 이치를
보여준다.

다. 그러므로 주자학은 자연스럽게 조선의 건국이념이 될 수 있었다.

그렇지만 건국을 전후한 시기의 신진사대부들은 혁명에 몰두하느라 주자학을 철학적으로 깊이 탐구하기가 어려웠다. 혁명파 신진사대부들에게 주자학은 철학에 앞서 정치개혁 이론으로 활용되었던 것이다.

조선 건국 이후 정국이 안정되면서 주자학에 대한 철학적 탐구가 깊어지기 시작했다. 이렇게 2세기쯤 지나자 조선의 유교 철학자들은 주자학의 기초 개념과 전체 구조를 완벽히 이해하고 조선화할 수 있었다. 16세기의 이른바 사림파라고 하는 유교 철학자들이 그들이었다.

조선시대를 대표하는 위대한 유교 철학자들은 16세기의 사림파에서 대거 배출되었다. 예컨대 퇴계 이황이나 율곡 이이 같은 분들이다. 이분들은 2세기에 걸친 선배들의 축적을 계승, 발전시킴으로써 중국의 유교 철학을 조선의 유교 철학으로 탈바꿈시킬 수 있었다.

동양 의학도 마찬가지였다. 16세기의 사림파와 같은 시대를 살았던 양예수, 정작, 허준 같은 위대한 한의학자들은 선배들이 이룩한 성취를 바탕으로 동양 의학을 조선 한의학으로 더욱 발전시켰다. 19세기의 이제마는 사상 의학을 제창함으로써 조선 한의학을 독창적으로 발달시켰다.

이황, 이이, 허준, 이제마 같은 분들이 왜 위대한가? 그것은 이분들이 사람의 몸과 마음을 바람직하게 기르고 가르칠 수 있는 당대 최고의 답안을 제시했기 때문이다.

허준과 이제마는 인간의 몸을 바람직하게 기르기 위한 방법을 찾아 『동의보감』*과 『동의수세보원(東醫壽世保元)』** 같은 불후의 명작을 남겼다. 퇴계 이황 그리고 율곡 이이는 사람의 마음을 바람직한 쪽으로 기르기 위한 철학적 성찰로서 『성학십도(聖學十圖)』***와 『성학집요(聖學輯要)』**** 등을 남겼다.

조선 왕실의 태교와 교육이 조선 특유의 내용과 형식을 가질 수 있었던 것은 이분들의 업적이 있었기에 가능했다. 조선 왕실에서는 이분들이 제시

---

* 허준이 선조 29년(1596)에 왕명을 받아 양예수, 정작 등과 공동 편찬하기 시작하여 14년 만인 광해군 2년(1610)에 완성한 우리나라 대표 의학서. 사람의 병을 5개 항목으로 분류하여 내경편(內景篇), 외형편(外形篇), 잡병편(雜病篇), 탕액편(湯液篇), 침구편(鍼灸篇)의 5편으로 구성하였다. 내경편은 대체로 내과, 외형편은 외과, 잡병편은 부인 및 소아과, 탕액편은 약물, 침구편은 침과 뜸에 관한 항목이고, 각각의 증상과 처방을 자세히 기록하고 있다. 허준은 중국 한의학과 조선 한의학의 의학적 성과들을 총망라한 처방을 실음으로써 동양 한의학을 집대성할 수 있었다.

** 이제마가 고종 30년(1893)에 집필하기 시작하여 다음해인 고종 31년(1894)에 완성한 의학서. 성명론(性命論), 사단론(四端論), 확충론(擴充論), 장부론(臟腑論), 의원론(醫源論), 광제론(廣濟論), 사상인변증론(四象人辨證論)의 7편으로 구성되었으며, 이제마의 독창적인 사상의학 이론이 잘 드러나 있다.

*** 퇴계 이황이 선조 1년(1568)에 왕에게 올린 상소문. 당시 예순여덟 살의 노성한 학자였던 이황은 열일곱 살의 어린 선조가 훌륭한 국왕이 되기를 바라는 마음에서 이 상소문을 올렸다. 원래 이름은 '진성학십도차병도(進聖學十圖箚幷圖)'인데, '진성학십도차'는 상소문이고, '병도'는 첨부한 10개의 도표 및 해설서이다. 10개의 도표는 태극도(太極圖), 서명도(西銘圖), 소학도(小學圖), 대학도(大學圖), 백록동규도(白鹿洞規圖), 심통성정도(心統性情圖), 인설도(仁說圖), 심학도(心學圖), 경재잠도(敬齋箴圖), 숙흥야매잠도(夙興夜寐箴圖)이고, 퇴계 이황의 유교 철학과 제왕학이 압축되어 있다.

**** 율곡 이이가 선조 8년(1575)에 왕에게 올린 책. 통설(統說), 수기(修己), 정가(正家), 위정(爲政)의 내용이 실려 있으며, 율곡 이이의 유교 철학 및 제왕학이 압축되어 있다.

한 몸과 마음에 관한 최고의 이론들을 기반으로 왕의 자녀들을 기르고 가르쳤다.

『동의보감』그리고 퇴계 이황과 율곡 이이의 심성(心性) 이론은 왕비의 임신과 출산, 세자의 양육과 교육을 위한 기본 이론이자 지침이었다. 이를 통해 조선 왕실에서는 천부적으로 타고난 몸과 마음의 가능성을 최고로 발휘할 수 있는 이상적인 지도자들을 길러내고자 했던 것이다.

율곡 이이가 『성학집요』를 왕에게 올리는 글

"(전략) 올 초가을에 비로소 책을 완성하고 이름을 『성학집요』라고 하였습니다. 이 책에서는 제왕이 학문하는 본말, 정치하는 선후, 덕을 밝히는 실효, 백성을 새롭게 하는 실적에 관하여 중요한 내용들은 간략하나마 모두 저술하였습니다. 작은 것을 미루어 큰 것을 알게 하고 이것을 들어 저것을 알게 하였으니 천하의 도는 진실로 여기에서 벗어나지 않을 것입니다.

이 책은 신의 글이 아닙니다. 성현의 글입니다. 비록 신의 식견이 비루하여 책을 편찬하면서 순서를 잘못했다고 해도 이 책에 편집된 말들은 모두 스스로에게 절실한 훈계입니다.

정자(程子)는 말하기를 '배워서는 깨닫지 못하지만 말을 듣고 깨닫는 사람도 있다. 그런 사람이라도 그가 듣고 깨달은 말을 따라 실천하면 도에 들어갈 수 있다.'고 하였습니다.

비록 이 책이 신의 손에서 나왔다고 하더라도 저 때문에 책의 내용을 폐지해서는 안 될 것입니다. 하물며 이 책의 내용은 성현의 말씀인데 어찌 폐지할 수 있겠습니까?

이에 만 번의 죽음을 무릅쓰고 삼가 제 책을 흰 보자기에 싸서 절하고 바칩니다. 한가한 틈에 살펴보시고 예전 성현들의 훈계를 깊이 음미하시며 더더욱 학문에 힘을 더함으로써 고명하고 박학한 경지에 이르신다면 곧 소신의 구구한 충성으로 바라는 뜻도 또한 조금 펼 수 있을 것입니다."

『성학집요』, 진차(進箚)

사람의 몸과 마음에 대한 관심

교육의 대상이 되는 사람이란 무엇일까? 또 사람의 몸과 마음은 무엇일까? 몸은 어떻게 생겨날까? 마음은 어떤 것일까? 우리들 대부분은 평상시 이런 질문에 크게 관심이 없다. 세상일에 휘둘려 사람에 대해 깊이 생각해 볼 틈을 찾지 못하기 때문이리라.

어쩌다 내 몸과 자식의 몸, 또는 부모 형제의 몸에 탈이라도 생겨야 몸에 관심을 갖는다. 그러다가도 병원에 가서 치료하고 나면 또 몸에 대한 관심이 시들해진다.

마음도 그렇다. 자녀들이 뜻밖에 말을 안 듣거나 심술을 부리고, 주변 사람들이 악의적으로 나오면 '왜 저런 마음일까?' 하고 생각한다. 하지만 정작 사람의 마음 자체가 무엇이며, 그 마음가짐을 어떻게 하는 것이 바람직한지에 대해서는 거의 잊고 산다.

몸과 마음은 오랜 세월 우리 조상들이 가장 중요하게 생각해 온 화두였다. 수행자나 공부하는 사람들의 관심은 주로 사람의 몸과 마음에 있었다. 그 결과 우리 조상들은 몸과 마음에 대해 세계에 유례가 없을 정도로 수준 높은 이론들을 이룩해 냈다.

우리 조상들은 사람의 몸과 마음이 하늘과 땅의 정기를 받아 만들어진다고 믿었다. 그러므로 사람의 몸은 세상에서 가장 귀중한 존재라고 생각했다. 몸 자체가 대우주를 빼 닮은 소우주라고 봤다. 이런 생각은 『동의보감』에도 구체적으로 나타나 있다. 『동의보감』의 맨 앞에는 사람의 몸이 그려져 있고 그 몸이 어떻게 생겨나는지 소개되어 있다.

> 하늘과 땅 사이에서 사람이 가장 귀하다. 사람의 머리는 왜 둥근가? 그것은 하늘을 본받기 때문이다. 사람의 발은 왜 네모난가? 그것은 땅을 본받기 때문이다. 하늘에 봄, 여름, 가을, 겨울의 사계절이 있듯이 사람의 몸에는 팔, 다리의 사지가 있다. 하늘에 수, 목, 화, 토, 금의 오행이 있듯이 사람의 몸에는 신장, 간장, 심장, 비장, 폐장의 5장이 있다. 하늘에 상하사방의 6극이 있듯이 사람의 몸에는 위, 소장, 대장, 담, 방광, 삼초의 6부가 있다.
>
> ─『동의보감』 내경편 권 1, 신형장부도(身形藏府圖)

우리 조상들은 사람의 몸이 탄생하는 과정도 우주가 창조되는 과정과 비슷하다고 생각했다. 동양 철학의 우주창조론인 음양오행론은 동양 한의학에서도 그대로 통용되었다. 음양오행의 작용에 의해 우주 만물이 생성,

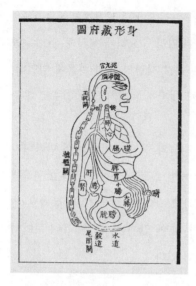

圖府藏形身

신형장부도, 『동의보감』
인간의 몸이 우주의 모습을 닮았다는 사실을
보여주는 그림이다.

조화되듯이 사람도 아버지와 어머니에 의해 태어난다고 하였다.

동양 의학의 관점으로는 아버지는 자연으로부터 양기(陽氣)의 정수를 받은 몸이다. 이에 견주어 어머니는 음기(陰氣)의 정수를 받은 몸이다. 아버지의 양기와 어머니의 음기가 합해져 새로운 생명, 곧 인간의 몸이 만들어진다. 이렇게 생기는 새 생명은 오행의 작용에 따라 어머니의 자궁에서 열 달 동안 서서히 사람으로 성장해 간다.

동양 의학에서는 자녀가 좋은 몸을 갖기 위해서는 아버지의 양기와 어머니의 음기가 좋아야 한다고 강조한다. 이것은 무슨 뜻일까? 부모의 몸은 자신의 몸만으로 끝나는 것이 아니라 자녀의 몸도 된다는 뜻이 아닐까?

하늘과 땅의 정기를 받고 대우주의 모습 그대로 귀중하게 태어나는 인간의 몸, 이 사실을 자각할 때 우리는 나의 몸과 다른 사람의 몸이 대우주 자체와 마찬가지로 소중한 존재라는 사실을 깨달을 것이다. 아울러 이렇게 소중한 몸이 또다시 후손들의 몸으로 이어진다는 점을 자각할 것이다. 조선시대 왕실 교육에서 무엇보다도 중요시한 것은 이처럼 귀중한 사람의 몸에 대한 자각이었다.

사람의 몸과 마음이란 무엇인가에 대한 유교 철학자들의 대답

"하늘이 우주 만물에게 명령하는 것을 성(性)이라 한다. 우주 만물이 하늘의 명령에 따르는 것을 도(道)라 한다. 도를 닦는 것을 교(敎)라 한다."는 『중용』의 구절에 대하여 주자는 다음과 같이 말하였다.

"하늘은 음양오행으로 우주 만물을 창조하고 기(氣)로 형체를 만들며 또한 형체에 이(理)를 부여한다. 하늘이 우주 만물에게 이를 부여하는 것은 명령하는 것과 같다. 그러므로 사람과 만물은 태어나면서 각각 하늘로부터 이를 부여받는다. 이렇게 사람과 만물이 하늘로부터 각각 부여받은 것이 성(性)이다. 도(道)라고 하는 것은 길과 같은 것이다. 사람이나 만물은 각각 천부적인 성품의 자연스러움을 따라 일상적으로 가는 길이 있다. 그렇게 가는 길이 도이다. 도를 닦는다는 것은 본분에 맞는 길로 가고 다른 길로 가지 않도록 절제한다는 것이다.

성과 도는 근본적으로는 같은 것이다. 그런데 사람과 만물은 태어날 때 하늘로부터 부여받는 기질이 서로 간에 각각 다를 수 있다. 이에 성인께서 사람과 만물이 마땅히 가야 할 길로써 각각 절제시키고 그것을 천하의 법으로 삼았다. 그것이 교이다. 예컨대 예(禮), 악(樂), 형(刑), 정(政) 등이 그것이다."

『성학집요』 통설(統說)

하늘과 사람이 일체가 되는 천인합일

사람이 사는 지구에는 생명들이 가득하다. 땅과 바다 그리고 하늘에도 생명들이 넘쳐난다. 이 많은 생명들은 태초에 어떻게 생겨났을까? 어디에서 왔을까?

우리 조상들은 무궁무진하게 생명을 사랑하는 하늘의 원리로부터 생명체들이 창조되었다고 생각했다. 그런 창조의 원리가 하늘의 도리이며 이치 곧 천도(天道)이며 천리(天理)였다. 사람의 마음은 이런 하늘의 도리를 본받은 것이라고 했다.

조선시대의 유교 철학자들은 하늘의 도리와 사람의 마음이 갖는 관계를 쉽게 설명하기 위해 일종의 만화를 이용했다. 조선시대의 대학자 양촌 권근과 퇴계 이황이 지은 『입학도설(入學圖說)』*과 『성학십도』가 대표적인 본보기다.

특히 퇴계 이황이 열일곱 살 된 선조에게 올린『성학십도』는 단 10컷만으로 구성된 만화지만 유교 철학의 깊은 이치가 모두 담겨 있다. 이런 만화의 요점은 인간의 본래 마음이 하늘의 이치와 같다는 것이다.

하늘의 이치는 생명에 대한 무궁한 사랑으로 가득할 뿐 욕심도 없고 치우침도 없이 공평무사하다고 했다. 그러므로 하늘의 이치를 본받은 사람의 마음도 본질적으로는 순수하고 완전하다. 그러나 사람의 마음은 개인의 욕심과 환경에 따라 상처받고 뒤틀려 본래의 성품을 잃기 쉽다고 했다.

우리 조상들은 본성을 잃은 사람은 개인적으로 불행할 뿐만 아니라 그 마음이 자녀들의 몸과 마음으로도 이어진다고 생각했다. 몸과 마음을 수양하는 일에 온 삶을 걸었던 조상들의 절박한 이유가 여기에 있었다.

바람직한 몸과 마음은 원리적으로는 간단했다. 하늘로부터 받은 몸과 마음을 하늘과 똑같은 수준이 될 때까지 갈고 닦는 것이었다. 하늘과 사람이 일체가 되는 천인합일이 그것이었다. 이런 경지에 오른 사람이 유교에서 추앙하는 성인이었다.

천인합일의 경지에 오른 사람의 몸과 마음은 대우주의 행복과 포용력을 누리게 될 것이다. 뿐만 아니라 그런 사람의 정기를 물려받는 후손들의 몸과 마음도 그렇게 될 것이다. 또한 그런 경지에 오른 왕이라면 마치 저 하늘처럼 위대한 지도자가 될 수 있을 것이다. 이런 점에서 조선 왕실의 태교

---

* 양촌 권근이 고려 공양왕 2년(1390)에 초학자들을 위해 편찬한 성리학 입문서. 이해를 쉽게 하기 위해 도설, 즉 일종의 만화를 사용했다. 내용은 천인심성합일지도(天人心性合一之圖), 천인심성분석도(天人心性分釋圖), 대학지장지도(大學指掌之圖), 중용수장분석도(中庸首章分釋圖) 등으로서 성리학의 우주관, 인간관, 교육관 등이 잘 요약되어 있다.

천인심성합일지도(天人心性合一之圖),
『입학도설』
권근이 초학자들에게 유학을 쉽게 설명하기
위해 저술한 『입학도설』 중에서 하늘과 사람의
마음이 본질적으로 하나라는 내용을 보여주는
그림이다.

천명신도(天命新圖), 『퇴계집』
사람의 심성은 하늘의 명을 받았다는 내용을
보여주는 그림이다.

와 교육은 자신의 몸과 마음을 바람직하게 기르는 방법일 뿐만 아니라 어떻
게 하면 후손의 몸과 마음을 더 좋게 만들 것인가에 대한 우리 조상들의 고
민 어린 응답이라고 할 수 있다.

'천인합일을 성취한 성인'이란?

"성인은 세상의 일을 중용, 엄정, 인애, 의리로써 처리한다. 성인은 고요함을 위주로 사람들의 모범이 된다. 그러므로 성인의 공덕은 하늘과 땅처럼 높고도 넓다. 성인의 총명함은 해와 달처럼 밝고도 밝다. 성인의 일 처리는 춘하추동처럼 자연스럽기만 하다. 성인의 길흉(吉凶)은 귀신과도 어긋나지 않는다."는 구절에 대하여 주자는 다음과 같이 말하였다.

"성인은 마음의 움직임과 고요함을 적절하게 하는데 그중에서도 고요함을 근본으로 한다. 사람이란 음양오행의 기운 중에서 좋은 기운을 받고 태어난 존재이다. 성인은 그중에서도 더 좋은 기운을 받고 태어난 존재이다. 그러므로 성인은 중용으로써 행동하고 엄정으로써 처신하며 인애로써 일을 하고 의리로써 억제한다. 성인은 마음이 한번 움직이고 한번 고요할 때마다 모두 태극의 도리를 완벽하게 하여 조금도 흠이 없게 한다. (중략) 성인의 마음이 고요하게 된다는 것은 욕심과 욕정, 이기심 등을 정성스런 마음으로 고요하게 가라앉혀 심성을 바르게 한다는 의미이다. 이는 성인의 마음에 욕심 자체가 없어서 처음부터 고요한 상태로 있었다는 뜻이 아니다. 만약 성인의 마음에 욕심 자체가 없다고 한다면 어떻게 천하 만물의 복잡한 변화에 잘 대응할 수 있겠는가? 성인의 마음은 중용, 엄정, 인애, 의리, 움직임, 고요함을 두루 겪지만 마음의 움직임보다는 고요함을 위주로 한다. 이런 까닭으로 중용의 입장에 설 수 있다. 그럼으로써 성인은 하늘과 땅, 해와 달, 춘하추동, 귀신과 어긋나지 않을 수 있다." 『성학집요』궁리(窮理), 통언천지인물지리(通言天地人物之理)

좋은 자녀를 얻기 위한 절제와 수행

　동양 의학에서 말하는 남자의 양기와 여자의 음기를 요즘 말로 한다면 무엇이라 할 수 있을까? 아마도 정자와 난자일 것이다. 유전학 개념에 친숙한 현대인들은 정자와 난자에 들어 있는 유전 정보가 아이들에게 그대로 유전된다는 사실을 알고 있다. 이것은 과거 사람들도 알고 있었다. 사용하는 용어는 조금 달랐지만 기본 개념에서는 동일했다. 좋은 아이가 태어나려면 부모의 양기와 음기가 좋아야 한다는 말은 의미 면에서 유전학의 내용과 다를 것이 없다. 동양 의학에서 남자의 양기가 어떤 상태인지는 정액으로 판단했다. 이에 비해 여자의 음기 상태는 월경을 가지고 판단했다.

　그렇다면 남자의 정액은 언제부터 만들어질까? 임신은 언제부터, 또 몇 살까지 가능할까? 정액은 어떻게 만들어지고 그것을 좋게 하기 위해서

는 어떻게 해야 할까? 이런 질문에 대해 『동의보감』에서는 다음과 같이 이
야기하고 있다.

> 남자가 여덟 살이 되면 신장의 기운이 충실해져서 머리털이 길어지고 영구치
> 가 난다. 남자가 열여섯이 되면 신장의 기운이 왕성해져서 정액이 만들어지고
> 정기가 넘쳐나며 음양이 조화된다. 그러므로 능히 자녀를 둘 수 있다.(중략)
> 남자가 예순네 살이 되면 치아와 머리털이 빠진다. 오장 가운데 신장은 오행
> 가운데 수(水, 물)를 주관하며 오장육부의 정기를 받아 간직하므로 오장이 왕
> 성해야 정액을 만들 수 있다. 그러나 남자 나이 예순네 살이 되면 오장이 모
> 두 쇠약해지고 뼈와 근육도 허약해져 정액이 모조리 없어진다. 그러므로 머리
> 털은 희어지고 몸은 구부러지며 똑바로 걷지도 못하고 자식도 둘 수 없다.
> — 『동의보감』 내경편 권 1, 신형(身形)

남자는 열여섯 살부터 예순네 살까지 49년 동안만 정액을 만들 수 있다
는 것이다. 그러므로 남자가 좋은 후손을 보려면 이 기간에 좋은 정액을 만
들어야 한다.

정액은 근본적으로 액체이다. 액체는 오행으로 따지면 물의 속성을 갖
는다. 곧 오행 가운데 수(水)가 된다. 그러므로 오장 중에서 정액은 수를 주
관하는 장부(臟腑)와 관련이 있다. 그 장부가 신장이다. 이런 까닭으로 『동
의보감』에서는 남자의 정액을 신장의 기능으로 설명한다.

오행과 오장, 육부, 칠공(七空)의 대응관계			
오행	오장	육부	칠공
목(木)	간장(肝臟)	담(膽)	눈
화(火)	심장(心臟)	소장(小腸)	혀
토(土)	비장(脾臟)	위(胃)	입
금(金)	폐장(肺臟)	대장(大腸)	코
수(水)	신장(腎臟)	방광(膀胱)	귀

『동의보감』에서는 정액을 충실하게 만들기 위한 방법으로 두 가지를 제시한다. 첫째는 정액을 아끼라는 것이고, 둘째는 몸과 마음으로 정액을 충실하게 기르라는 것이다.

정액을 아끼라는 말은 정액을 만들 수 있는 기간과 양이 제한되어 있다는 생각에서 비롯되었다. 남자는 49년 동안만 생식에 필요한 정액을 만들 수 있고 아울러 남자의 몸에는 아무리 많아도 석 되 이상의 정액을 채워 넣지 못한다. 즉 한창 젊은 때라고 해도 석 되 이상의 정액을 한번에 소모하면 생명을 유지할 수 없다는 의미이다. 이를 무시하고 함부로 낭비하면 작게는 자신의 몸을 해치고 크게는 자녀들의 몸을 해칠 수 있다는 경고라고 하겠다.

정액을 아끼는 최고의 방법은 욕정을 줄이는 것이다. 꼭 필요한 경우가 아니라면 가능한 한 성생활을 줄이라는 의미이다. 부부 사이의 성생활도 그러한데, 하물며 방탕하게 주색에 빠지면 정액을 헛되이 쓰고 몸을 해치게 된다. 이와 관련해『동의보감』에는 다음과 같은 내용이 소개되어 있다.

남녀가 한 번 교합하면 정액 반 홉이 없어진다. 정액을 없애고 보충하지 않으면 몸이 피곤해진다. 그러므로 욕정을 참지 않으면 정액이 없어지고, 정액이 없어지면 기운이 약해진다. 기운이 약해지면 병이 오고, 병이 오면 몸이 위태로워진다. 아! 정액은 사람의 몸에서 가장 중요한 보물이로다.

— 『동의보감』 내경편 권 1, 정(精)

욕정에 휘둘려 함부로 정액을 낭비하면 자신의 몸을 해친다는 무서운 경고이다. 자신의 몸이 하늘과 부모로부터 받은 귀중한 존재라는 점을 자각한다면, 이같은 어리석음을 범하지 않을 것이다. 게다가 자신의 몸이 후손에게 그대로 이어진다는 사실에 이른다면 그 소중한 몸을 어떻게 간수해야 할지 자명해진다고 하겠다.

신장의 형상

"신장은 두 개가 있다. 모습은 강
낭콩처럼 생겼다. 두 개가 서로 마
주하고 있는데, 등에 붙어 있다.
겉은 기름덩이로 덮여 있다. 속은
희고 겉은 검다. 주로 정액을 저장
한다.

신장은 두 개가 있다. 무게는 각각
9량으로서 합하면 1근 2량이다. 왼
쪽 신장은 수(水)에 속하고 오른쪽
신장은 화(火)에 속한다. 남자는 왼

신장도(腎臟圖), 『동의보감』

쪽 신장을 근본으로 삼고 여자는 오른쪽 신장을 근본으로 삼는다.

신장의 모습은 강낭콩처럼 생겼으며 두 개가 서로 마주하고 있다. 등에 붙어
있는데 속은 희고 겉은 검붉다. 두 개의 신장에서 두 개의 줄이 서로 통하면
서 아래로 내려간다. 그 위는 심장의 줄과 통하여 하나가 된다. 이곳이 아래
의 신장과 위의 심장의 수(水)와 화(火)가 서로 감응하는 곳이다."

두개의 신장

"다른 장부(臟腑)는 각각 하나만 있는데, 신장은 특이하게 두 개가 있다. 그
이유가 무엇인가? 그것은 두 개의 신장 중에서 하나만이 신장이라는 사실에

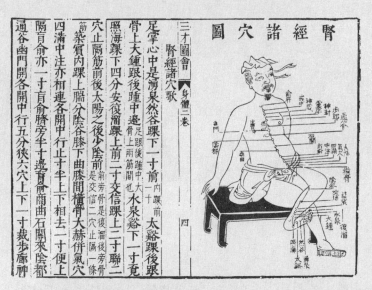

신경제혈도(腎經諸穴圖), 『삼재도회(三才圖會)』

있다. 즉 왼쪽 것은 신장이고 오른쪽 것은 명문(命門)인 것이다. 명문은 정신

이 머물고 원기가 생겨나는 곳이다. 남자는 여기에 정(精)을 간직하고 여자는

여기에 자궁이 매달려 있다. 그러므로 신장이 하나인 것을 알 수 있다."

『동의보감』 내경편 권 3, 신장

뛰어난 자녀를 얻기 위한 식이요법과 생활

위에서 본 것처럼 정액을 아끼는 방법으로 『동의보감』에 제시된 내용은 비교적 간단하다. 이에 비해 정액을 몸과 마음으로 충실히 기르는 방법은 조금 복잡하다. 그것은 음식과 약물을 통해 정액 자체를 기르는 방법과 정액을 주관하는 오장 가운데 신장을 강화하는 방법, 그리고 몸과 마음의 수양을 통해 정액을 보강하는 방법이 서로 뒤섞여 있기에 그렇다.

음식과 약물을 통해 정액 자체를 충실히 기르는 방법은 이른바 궁중 한의학의 식이요법에 해당한다. 음식과 약물을 이용한 식이요법도 음양오행에 근거해 이루어졌다. 원리적으로 음식, 약물, 정액이 모두 음양오행의 조화 작용으로 만들어지기 때문이다.

정액은 오행으로 따지면 수에 해당한다. 그러므로 정액을 기르는 음식과 약물은 수와 관계가 있다. 수의 특징을 갖는 음식과 약물이 정액에 좋다는 의미이다.

오행의 수는 물을 의미한다. 물은 하늘에서 내려 낮은 곳으로 흘러 모인다. 물이 많이 모이면 바닷물이 된다. 사람의 오장 중에서 신장이 오행의 수에 대응되는 이유도 신장이 오장 중에서 가장 아래쪽에 있기 때문이다.

오행의 수는 맛으로는 짠맛, 색으로는 검은색, 냄새는 썩은내, 방향으로는 북쪽, 기온으로는 추운 기운, 계절로는 겨울이라고 했다. 반면 수와 상극이 되는 토의 성질을 갖는 음식들은 정액에 좋지 않다고 할 수 있다. 토의 속성은 맛으로는 단맛, 색으로는 황색, 냄새는 향내, 방향으로는 중앙, 기온으로는 습한 기운, 계절로는 늦여름이라고 했다.

오장의 각종 특징

오장	오행	맛	색	냄새	방향	기온	계절
간장(肝臟)	목(木)	신맛	청색	노린내	동쪽	따뜻함	봄
심장(心臟)	화(火)	쓴맛	붉은색	단내	남쪽	더움	여름
비장(脾臟)	토(土)	단맛	황색	향내	중앙	습함	늦여름
폐장(肺臟)	금(金)	매운맛	흰색	비린내	서쪽	서늘함	가을
신장(腎臟)	수(水)	짠맛	검은색	썩은내	북쪽	추움	겨울

『동의보감』에서 정액을 보강하는 음식으로 꼽는 것은 쌀, 보리, 조, 기장, 콩이고, 밥이 끓을 때 솥 가운데 모이는 걸쭉한 밥물 등도 유익하다고 했다. 약물로는 인삼고본환, 경옥고 같은 환약과 오미자, 구기자, 산수유가

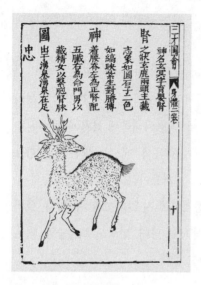

신신도(腎神圖), 『삼재도회』
신장의 모습과 기능을 상징한 그림이다.

좋다고 했다.

오장 가운데 정액을 주관하는 신장을 강화하는 방법에는 도가 수련법이 많았다. 동양 한의학 자체가 도교의 불로장생술이나 양생술과 밀접한 관련이 있었기에 그렇다. 허준 자신도 청정수양을 통한 도가의 수행 방법이 약물과 침 또는 뜸으로 병을 치료하는 한의학보다 오히려 더 근본적이라고 평가했다. 『동의보감』에 소개된 신장 강화 수련법 중에 다음과 같은 내용이 있다.

밤에 잠자리에서 침상에 앉는다. 다리를 침상 아래로 내리고 옷을 풀어헤친다. 숨은 멈추고 혀는 입천장에 붙인다. 눈은 정수리를 향하면서 항문을 오므린다. 손으로는 양쪽 신유혈(腎俞血, 신장이 위치한 허리 뒷부분)을 각각 120번 문질러준다. 문질러주는 횟수는 많을수록 좋다. 다 문지른 뒤 치아를 마주치고 침상에 눕는다.

— 『동의보감』 내경편 권 3, 신장

그러나 정액을 충실히 기르는 데 무엇보다 중요한 것은 몸과 마음의 전체적인 균형과 조화이다. 정액이나 신장은 전체 몸으로 본다면 일부분이므

로 이것만 강화한다고 모두 해결되는 것이 아닌 것이다. 만약 지나치게 신
장만 강화하면 수의 기운이 너무 세져 상극인 화(火)를 해치게 되어 심장을
손상시킬 수도 있다.

오행의 상생과 상극

상생 : 수생목 – 목생화 – 화생토 – 토생금 – 금생수

상극 : 목극토 – 토극수 – 수극화 – 화극금 – 금극목

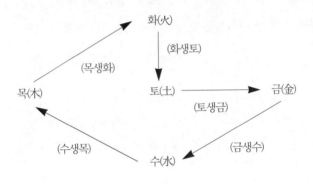

몸과 마음은 궁극적으로 우주 자연과 조화롭게 되어야 균형을 잡을 수
있다. 몸의 오장이 조화와 균형을 잡으려면 우주의 오행과 균형을 맞추어야
하고, 그것은 곧 천지자연의 운행과 합쳐져야 한다. 이것은 구체적으로 일
상생활과 바로 연결된다.

곧 아침에 해가 뜨면 여기에 맞추어 일찍 일어나고, 해가 떠 있는 동안
에는 열심히 일하고 해가 지면 잠자리에 들어 푹 자야 한다. 그리고 철따라

나는 음식과 과일을 먹는 것, 이것이 천지의 운행에 따르는 생활이다.

　마음도 마찬가지다. 사사로운 마음이 아니라 우주 자연의 이치와 도를 자신의 마음으로 삼아야 한다. 완전무결한 하늘의 이치와 대자연의 호연지기를 자신의 마음으로 삼아 작은 욕심이나 편견에서 벗어나야 우주의 평화를 얻을 수 있다.

　지금의 시각으로 본다면 좋은 정액을 만들기 위해 내놓은 방법들이 신비한 면이 없는 것은 아니다. 하지만 사람의 몸과 자연과의 조화, 현재 자신의 몸과 후손의 몸과의 상호 연관, 그리고 대우주의 마음으로 사람의 작은 마음을 수양하려 한 내용들은 오늘날의 우리를 되돌아보게 만든다.

욕정을 절제하고 정액을 비축하지 않는다면?

"『황제내경(黃帝內經, 황제의 저서로 알려진 동양 최고의 의서)』에서 남자의 나이 예순네 살이 되면 정액과 골수가 고갈된다고 했으니 마땅히 욕정을 절제해야 한다. 『천금방(千金方, 당나라 손사막이 저술한 의서)』에는 '남자 나이 예순이 되어서는 남녀 교합에서 정액을 간직하고 사정(射精)하지 말아야 한다.'는 『소녀경(素女經, 방중술에 관한 동양의학의 고전)』의 이론을 싣고 있는데, 이는 욕정을 끊으라는 뜻이다. 마땅히 욕정을 절제해야 하는데 절제할 줄 모르고 또 당연히 욕정을 끊어야 하는데 끊지 못한다면 목숨을 잃을 수도 있다. 이는 스스로 자초하는 것이나 마찬가지다. 많은 사람들이 나이 마흔 살 이하일 때 함부로 욕정을 채우다가 마흔이 넘으면서부터 갑자기 기력이 쇠퇴해지는 것을 깨닫는다. 기력이 쇠퇴해지면 여러 가지 질병들이 벌떼처럼 일어난다. 이런 질병들을 오래도록 치료하지 않으면 마침내는 목숨을 잃게 된다. 만약 나이 예순이 넘어 수십 일 동안 남녀 교합을 하지 않고도 욕구불만에 시달리지 않는다면 이는 스스로 정액을 간직하는 사람이라 할 만하다.

만약 욕정이 솟구친다면 반드시 삼가서 억제해야 한다. 욕정대로 행동하면 스스로를 해칠 수도 있기 때문이다. 한번 욕정을 억제할 수 있다면 이는 한번 불을 끄고 대신 기름을 보충하는 것과 같다. 반대로 한번 억제하지 못하고 욕정대로 사정하였다면 이는 기름이 다해 불이 꺼지려고 하는데 남은 기름마저 빼내는 것과 같다. 그러니 스스로 깊이 억제하지 않을 수 있겠는가?"

『동의보감』 내경편 권 1, 정(精)

총명한 자녀를 만드는 건강한 어머니

임신은 남성보다 여성에게 더 큰 문제이다. 임신과 출산 자체가 여성의 몸과 마음에 심각한 변화를 가져오기 때문이다. 조선시대 궁중 한의학도 임신은 주로 여성과 관련되어 있었다.

동양 의학의 입장에서 본다면 좋은 후손을 보기 위해서는 남자의 양기와 여자의 음기가 좋아야 한다. 남자의 양기는 정액으로 그 상태를 파악하고 여자의 음기는 월경으로 판단한다. 여자의 월경은 남자의 정액과 무엇이 다를까?

여자가 일곱 살이 되면 신장의 기운이 왕성해져 영구치가 나고 머리털이 길어진다. 여자가 열네 살이 되면 월경을 시작하고 임맥(任脉)이 뚫려 커지며 충맥

(衝脉)이 왕성해져 월경을 때마다 하게 된다. 그러므로 임신을 할 수 있다. (중략) 여자가 마흔아홉이 되면 임맥이 허해지고 충맥이 쇠해지며 월경이 그치고 지도(地道)가 통하지 않게 된다. 그러므로 여자의 얼굴이 추해지며 자식을 낳지 못하게 된다.

— 『동의보감』 내경편 권 1, 신형(身形)

여자의 몸은 남자의 몸과 몇 가지 점에서 대비된다. 남자는 열여섯 살이 되어야 아이를 만들 수 있는 정액을 생산할 수 있지만, 여자는 이보다 2년 앞선 열네 살에 월경을 시작한다는 점이다. 또한 남자는 예순네 살까지 49년 동안 정액을 만들 수 있는 데 비해 여자는 마흔아홉 살까지 36년 동안만 월경을 할 수 있다.

임신 가능 기간에서 여자는 남자에 비해 13년이나 짧다. 더구나 남자가 정액을 만드는 기간이 비교적 자유로운 데 비해 여자는 한 달에 한 번 월경을 한다는 점에서도 크게 차이가 난다. 그러므로 임신을 위해서는 여자가 남자보다 더 세심하게 신경을 써야 한다.

남자의 몸과 여자의 몸에서 무엇보다도 차이가 나는 것은 정액과 월경을 담당하는 기관이 서로 다르다는 점이다. 남자의 정액은 신장에서 주관하지만 여자의 월경은 신장 이외에 자궁이라고 하는 부분이 추가된다.

동양 의학에서는 월경을 임맥과 충맥의 작용으로 설명한다. 임맥과 충맥이 왕성할 때 월경이 가능하고 약해지면 그친다고 한다. 이 임맥과 충맥은 여자의 자궁에서 시작되는 맥이다.

임맥과 충맥은 자궁에서 시작해 배로 올라가 수많은 경락의 뿌리가 된

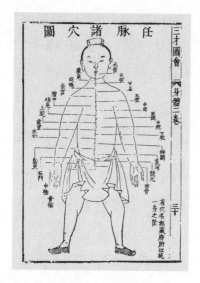

임맥제혈도(任脉諸穴圖), 『삼재도회』

다. 임맥은 임신을 주관하는 맥이며, 충맥은 피를 통하게 하는 맥이다. 여자의 자궁은 포(胞)라고 하듯이 빈 자루와 같은 모양이다.

동양 의학에서는 자궁이 비어 있으므로 피를 통하게 하는 충맥이 자궁에서 시작하고 또 이곳에서 그친다고 생각한다. 한 달에 걸쳐 자궁에 피가 고이면 넘치게 되는데, 이것이 이른바 월경이다. 월경이란 '달거리' 라고 하듯이 한 달에 한 번씩 지나간다는 뜻이다. 임신에서 여자의 월경이 갖는 중요성을 『동의보감』에서는 다음과 같이 이야기하고 있다.

자녀를 갖고자 한다면 무엇보다도 월경이 순조로워야 한다. 자식이 없는 부인은 월경이 빠르거나 느리고, 많거나 적거나 한다. 또는 월경에 앞서 몸이 아프거나 월경 뒤에 몸이 아프기도 한다. 또는 월경 색이 자주색이거나 검고, 멀겋거나 덩어리가 되어 순조롭지 못하다. 월경이 순조롭지 못하면 기혈이 조화롭지 못해 자식을 가질 수 없다.
— 『동의보감』 잡병편 권 10, 부인

월경은 기본적으로 피다. 동양 의학에서 피는 기와 함께 흐른다고 생각해 기혈(氣血)이라고도 불렀다. 피와 기 가운데 기는 양이고 피는 음이다. 그러므로 피의 흐름이 원활하지 못할 때는 기를 이용해 피의 흐름을 조절한다.

월경에도 똑같은 원리가 적용된다. 월경이 순조롭지 못할 때는 월경의 색깔, 상태, 냄새에 따라 적당하게 기를 조절했다. 보통 조경산(調經散)*, 청경사물탕(淸經四物湯)** 같은 약물을 이용했는데 이는 기를 조절해 주는 약물이다. 이와 함께 마음가짐과 행실도 그 못지않게 중요하게 생각했다.

> 성품과 행실이 온화한 여자는 월경이 순조롭다. 그러나 질투를 부리는 여자는 월경이 고르지 못하다. 얼굴이 험상궂은 여자는 싸울 염려가 있고, 얼굴이 곱상한 여자는 복이 없을 우려가 있다. 너무 뚱뚱한 여자는 자궁에 지방이 많고, 너무 마른 여자는 자궁에 피가 없다. 질투하는 여자, 험상궂은 여자, 곱상한 여자, 너무 뚱뚱한 여자, 너무 마른 여자는 모두가 제대로 자식을 낳을 수 없다.
> ― 『동의보감』 잡병편 권 10, 부인

위의 내용을 긍정적으로 생각한다면, 여자의 몸과 마음이 평안하고 적당한 몸무게를 가져야 월경이 순조롭다는 점을 강조한 것으로 볼 수 있다. 질투로 속을 태우거나, 자기 성질을 못 이겨 여기저기서 싸움을 하거나, 또는 예쁜 얼굴로 이 남자 저 남자 사이를 떠돌거나 지나치게 살이 찌거나 빠

---

* 온경탕(溫經湯)이라고도 하며, 맥문동(麥門冬), 당귀(當歸), 인삼(人蔘) 등을 섞어 달여서 만든다.
** 당귀(當歸), 숙지황(熟地黃), 백작약(白芍藥), 천궁(川芎) 등 네 가지를 섞어 달여서 만든다.

지는 경우, 이것은 바로 월경 불순으로 이어지고 그 결과 자식을 낳지 못하거나 자식을 낳는다 하더라도 건강하지 못하다는 점을 지적하였기 때문이다.

요컨대 좋은 자녀를 보려면 남자의 정액과 여자의 월경이 좋아야 한다. 그렇기 위해서는 어떻게 해야 할까?

> 자녀를 갖고자 한다면 부인은 반드시 월경이 순조로워야 하고, 남자는 반드시 정액이 충분해야 한다. 이를 위해서는 욕정을 줄이고 마음을 깨끗이 하는 것이 상책이다. 욕정을 줄이고 함부로 교합하지 않아야 기운과 정액이 쌓인다. 그러다가 때에 맞게 교합을 하면 능히 자녀를 가질 수 있다. 그러므로 욕정을 줄이면 정액이 충분해 자녀가 많을 뿐만 아니라 건강한 자녀를 낳을 수 있고, 오래 살 수도 있다.
>
> ─ 『동의보감』 잡병편 권 10, 부인

이는 몸과 마음이 건강한 자녀를 낳기 위해 부모가 명심해야 할 것이 무엇인지를 결론적으로 보여준다. 곧 좋은 정액과 좋은 월경은 특별한 음식이나 약물에서 나오는 것이 아니라 욕정을 줄이고 마음을 깨끗이 하는 데 있다는 사실이다. 지금의 말로 한다면 훌륭한 후손을 보기 위해서는 좋은 정자와 난자가 필요하며, 그것은 평상시의 건전한 몸가짐과 마음가짐에서 가능하다는 의미일 것이다.

감정이나 생각을 절제하지 못하면?

"지나치게 기뻐하면 심장을 요동시켜 피를 만들지 못한다. 지나치게 노여워하면 간을 상하게 하여 피를 저장하지 못한다. 슬픔이 너무 쌓이면 폐를 상하게 하고, 지나치게 생각하면 비장(脾臟)을 상하게 하며, 너무 무서워하면 신장이 상하게 된다. 이처럼 사람의 감정이나 생각이 지나치게 되면 모두 피를 요동시키게 된다."

『동의보감』 내경편 권 2, 혈

사람의 오장과 감정의 상관관계		
오장	감정	아픈곳
간장(肝臟)	노여움(怒)	머리
심장(心臟)	기쁨(喜), 놀람(驚)	가슴
비장(脾臟)	생각(思), 근심(憂)	척추
폐장(肺臟)	슬픔(悲)	어깨
신장(腎臟)	공포(恐)	허리

건강한 자녀를 만드는 부모의 건전한 몸과 마음

요즘은 피임 기술이 발달하여 원하지 않는 임신은 충분히 피할 수 있다. 임신의 공포감 없이 부부생활을 즐길 수도 있다. 만약 몸이 좋지 않거나 경제 형편이 여의치 않으면 임신을 늦출 수도 있다.

그러나 피임 기술이 발달하지 못했던 과거에는 그럴 수 없었다. 몸 상태나 경제 형편에 관계없이 부부생활은 곧 임신으로 연결될 수 있었다. 따라서 부부의 합방은 임신을 전제로 이루어질 수밖에 없었다.

이런 면에서는 왕과 왕비도 마찬가지였다. 좋은 자녀들을 보기 위해 왕과 왕비는 아무 날에나 합방하는 것이 아니라 날을 가려야 했다.

부부 사이의 애정 표현을 하거나 단순한 욕정을 풀기 위해서가 아니라 왕자, 특히 왕위를 이어받을 왕자를 원할 경우 합방에는 두 가지 조건이 필요했다. 첫째는 정액과 월경이 임신에 최상의 상태에 있어야 했다. 다음으로는 하늘과 땅의 자연 환경도 수태에 적합해야 했다.

이 두 가지 조건 가운데 정액과 월경이 더 중요했다. 남자의 정액이 미약하면 남녀 교합을 해도 자녀가 생기지 않고 혹 생긴다고 해도 건강하지 못하다고 생각했다. 남자는 평상시 몸과 마음을 닦아 최고의 정액을 준비했다가 때에 맞추어 교합해야 한다고 강조했다.

남자의 정력이 미약하면 비록 남녀 교합을 해도 정액이 약해 자궁으로 곧바로 들어가지 못하고 수태되지 않는 경우가 많다. 왜 이런 현상이 나타나는가? 그것은 평상시 욕망과 욕정을 절제하지 않아 정액을 함부로 낭비했기 때문이다. 이런 때는 마땅히 정력과 정액을 보강해야 한다. 아울러 마음을 고요히 하여 욕정의 불길이 함부로 일어나지 않도록 해야 한다. 이렇게 하여 정력과 정액을 충실히 하고 때에 맞추어 교합하면 일거에 수태할 수 있다.
— 『동의보감』 잡병편 권 10, 부인

왕비의 월경이 임신에 최상의 상태인지 아닌지를 알기 위한 방법은 조금 복잡했다. 그것은 월경이 여자에 따라 서로 달랐기 때문이다.

궁중 한의학에서는 월경 색깔을 보아 임신 가능 여부를 판단했는데, 황금빛을 최상의 임신조건으로 간주했다. 『동의보감』에는 월경 색으로 임신 가능 여부를 판단하는 방법이 다음과 같이 소개되어 있다.

부인에 따라 월경이 서로 다르다. 어떤 여자는 이틀 반 만에 월경이 끝나고,

어떤 여자는 사흘 만에 끝나기도 한다. 또 어떤 여자는 혈기가 왕성해 대엿새씩이나 월경을 하기도 한다. 그러므로 기간보다는 월경의 색이 어떤지를 보아야 한다. 비단이나 무명 같은 흰색의 물건을 음문에 넣었다가 꺼내보아 황금빛이면 가장 좋은 기회이다. 선홍색이면 아직 월경이 끝나지 않았으므로 더 기다려야 한다. 희뿌연 색이라면 시간이 이미 지났다. 오직 황금빛이 가장 좋은 기회이니 이때에 교합하면 수태하지 않음이 없다.

— 『동의보감』 잡병편 권 10, 부인

왕의 정액이 충실하고 왕비의 월경 색이 황금빛이라면 자녀를 갖기 위한 최상의 조건을 갖춘 셈이다. 왕과 왕비의 몸은 이제 완벽한 준비를 마쳤다고 할 수 있다. 그러나 합방하려면 이것 말고도 또 조건이 있었다. 하늘과 땅을 비롯한 자연의 운행도 임신에 최적의 상태여야 했다.

왕과 왕비의 경우 후계왕, 곧 왕자를 원한다면 아들을 가질 수 있는 날에 합방했다. 음양으로 본다면 아들은 양이고 딸은 음이다. 그러므로 아들을 가지고자 한다면 양의 기운이 왕성한 시점을 골랐다.

궁중 한의학에서는 월경 색이 황금빛인 기간을 월경 이후 대략 6일까지라고 했다. 음양오행으로 따지면 홀수가 양이고 짝수가 음이다. 그러므로 월경 후 6일 가운데 양기가 왕성한 날은 홀수 날인 1일, 3일, 5일이다. 왕자를 바란다면 왕비의 월경 색이 황금빛을 띠기 시작한 후 1일, 3일, 5일째에 합방해야 했다.

그렇다고 날짜만으로 천지자연의 조건을 따진 것은 아니었다. 봄, 여름, 가을, 겨울의 계절요인이 있었기 때문이다. 계절에 따라 오행의 기운이 다르므로 각 계절의 오행에 맞는 날짜를 골라야 했다.

음양오행에서 봄, 여름, 가을, 겨울은 각각 간지의 10간(干)에 대응한다. 10간 가운데 갑을은 봄, 병정은 여름, 무기는 늦여름, 경신은 가을, 그리고 임계는 겨울이다. 그러므로 봄에는 갑이나 을이 들어가는 날에, 여름에는 병이나 정이 들어가는 날에, 가을에는 경이나 신이 들어가는 날에, 마지막으로 겨울에는 임이나 계가 들어가는 날에 합방하게 된다. 다만 늦여름은 너무 덥기도 하려니와 오행 가운데 토에 해당하므로 합방을 삼갔다. 토는 오행 가운데 수가 주관하는 신장과 상극이기 때문이었다.

오행, 오장, 사계, 십간, 음양의 상관관계				
오행	목	화	토	금	수
오장	간장	심장	비장	폐장	신장
사계	봄	여름	늦여름	가을	겨울
십간	갑(1) 을(2)	병(3) 정(4)	무(5) 기(6)	경(7) 신(8)	임(9) 계(10)
음양	양 음	양 음	양 음	양 음	양 음

합방하는 시간은 밤 12시 뒤였다. 천지의 음기는 밤 12시를 기점으로 정점에 올랐다가 그 이후부터는 양의 기운이 생기기 때문이었다.

아들을 얻고자 한다면 부인의 월경 후 1일, 3일, 5일 가운데 봄에는 갑을이 들어가는 날에, 여름에는 병정이 들어가는 날에, 가을에는 경신이 들어가는 날에, 겨울에는 임계가 들어가는 날에 교합하되 한밤중이 지난 다음에 사정해야 한다. 이렇게 하면 아들이 태어나는데 그 아들은 장수를 누리고 똑똑하기조차 하다. 부인의 월경 후 2일, 4일, 6일에 교합하면 딸이 태어난다. 6일이 지난 뒤에는 교합하지 않는 것이 좋다.

— 『동의보감』 잡병편 권 10, 부인

이외에도 좋은 자녀를 보기 위해 부부가 지켜야 할 합방 원칙이 여럿 있었다. 이런 원칙은 대체로 천지자연의 음양이 정상이 아닐 때이거나 장소가 적절하지 않은 곳에서는 교합하지 않는다는 내용이다. 근본적으로 사람의 몸은 천지자연을 본받기 때문에 천지자연이 비정상적인 시기나 장소에서 교합하면 아이도 그렇게 된다는 의미이다.

이처럼 때와 장소를 가리고, 최고의 정액과 월경 색인 상태에서 남녀 교합을 한다면 어떻게 될까? 그 결과에 대해 『동의보감』은 다음과 같이 최고의 결과를 예언하고 있다.

복과 덕이 있고, 큰 지혜와 인격을 갖춘 아이가 태어난다. 아울러 그 아이의 성품과 행실이 어긋나지 않아 집안이 나날이 번성할 것이다.

— 『동의보감』 잡병편 권 10, 부인

위대한 천재가 태어난다는 의미라고 할 수 있다. 그것도 두뇌만 뛰어난 천재가 아니라 덕성까지 갖춘 천재가 태어난다는 것이다.

부모에게 이보다 더 큰 소망이 있을까? 복과 덕, 그리고 큰 지혜와 인격을 갖춘 천재 자녀를 갖는다면 부모로서 무엇을 못할까? 게다가 그 방법이란 것이 자신의 몸과 마음도 건강하게 하는 것인데 말이다.

사실 복, 덕, 지혜, 인격 그리고 훌륭한 성품과 행실은 일반적인 교육의 목표이기도 하다. 이같은 목표를 이루기 위해서는 임신 중의 태교나 출산 후의 교육도 중요하지만, 그것보다는 임신 이전이 더 중요하다는 것이다. 즉 최고의 정액과 월경 색이 필요하며, 때와 장소를 가려 교합해야 한다는 것이다.

이것은 평상시의 건전한 몸가짐과 마음가짐 그리고 건전한 성생활로써만 가능하다. 혼인 후는 물론, 혼인 전의 몸가짐과 마음가짐도 정액과 월경의 상태에 영향을 줄 수 있으며 그것이 후손들의 몸과 마음으로 나타날 수 있다는 무서운 경고이다.

건강한 자녀를 낳기 위한 부부 합방의 방법

소녀가 말하였다.

"현명한 자녀를 갖기 위한 방법에는 법도와 체위가 있습니다. 먼저 마음을 맑게 하고 생각을 원대하게 가지며 복장을 편안하게 입고 마음을 비우며 몸가짐을 조심해야 합니다. 부인의 월경이 끝나고 3일 뒤에 한밤중이 지나서 첫 닭이 울기 전에 부인을 애무하여 달아오르게 합니다. 부인이 극도로 흥분에 이르면 옥경을 밀어넣어 왕복 운동을 하는데, 법도에 따라 적절하게 해야 합니다. 부인과 그 쾌락을 함께하여 절정에 이르게 되면 몸을 약간 빼면서 사정해야 합니다. 이때 옥경을 너무 빼서 맥치(麥齒, 소음순) 밖으로 나오게 해서는 안 됩니다. 옥경이 너무 많이 빠져나와서 자궁문을 벗어나게 되면 정액이 자궁 속으로 들어가지 못하게 됩니다. 이러한 방법에 따라서 자식을 갖게 되면 자식은 현명하고 선량하며 무병장수를 누리게 될 것입니다."

『소녀경(素女經)』

좋은 태교가
위대한 지도자를 길러낸다

조선 왕실 최악의 태교 실패작_연산군

연산군 燕山君 (1476~1506)　조선 제10대의 왕(재위 1494~1506). 성종의 맏아들로 즉위 3년 동안은 별 탈 없이 보냈으나, 1498년 훈구파(勳舊派) 이극돈(李克墩)·유자광(柳子光) 등의 계략에 빠져, 사초(史草)를 문제 삼아 김종직(金宗直) 등 많은 신진 사류(士類)를 죽이는 최초의 사화인 무오사화(戊午士禍)를 일으키게 하였다. 1504년에는 생모인 폐비윤씨가 성종의 후궁인 정씨(鄭氏)·엄씨(嚴氏)의 모함으로 내쫓겨 사사(賜死)되었다고 해서 자기 손으로 두 후궁을 죽여 산야에 버리면서 포악한 성정을 드러내기 시작하였다. 또한 조모인 수대비(仁粹大妃)를 구타하여 죽게 하고, 윤씨의 폐비에 찬성하였다 하여 윤필상(尹弼商)·김굉필(金宏弼) 등 수십 명을 살해하고, 이미 죽은 한명회(韓明澮) 등을 부관참시(剖棺斬屍)하였다[甲子士禍]. 한편, 각도에 채홍사(採紅使)·채청사(採靑使) 등을 파견해서 미녀와 양마(良馬)를 구해오게 하고, 성균관의 학생들을 몰아내고 그곳을 놀이터로 삼는 등 황음(荒淫)에 빠졌다. 경연(經筵)을 없애 학문을 마다하였고, 사간원(司諫院)을 폐지해서 언로(言路)를 막는 등 그 비정(秕政)은 극에 달하였다. 급기야 1506년(중종 1) 성희안(成希顔)·박원종(朴元宗) 등의 중종반정에 의해 폐왕이 되어 교동(喬桐:江華)으로 쫓겨나고, 연산군으로 강봉(降封)되어 그해에 병으로 죽었다.

조선시대 왕과 왕비의 심신은 그 시대 최고의 지식인과 어의들이 돌보았다. 당대의 대학자들은 왕이 마음을 잘 다스리도록 충고를 아끼지 않았다. 허준 같은 위대한 어의들이 왕과 왕비의 몸 건강을 관리했다. 그러면 왕과 왕비의 심신은 늘 건강했을까? 왕비의 태교와 교육은 항상 최상의 결과를 가져왔을까?

유감스럽게도 역사는 그렇지 않은 모습들을 보여주기도 한다. 건강하지 못한 왕들이 적지 않았다. 평상시 부부 사이가 좋다가도 정작 임신 중에 관계가 악화되어 최악의 태교를 한 경우도 있었다.

성종과 폐비 윤씨의 경우가 대표적인 사례라고 할 수 있다. 성종과 폐비 윤씨는 폭군으로 이름 높은 연산군의 부모다. 성종은 조선 초기의 왕조 체제를 완성시킨 훌륭한 왕으로 평가받고 있다. 공부도 열심히 하고 정치도 잘했다는 뜻이다. 그런 왕에게서 어떻게 연산군이라는 폭군이 태어날 수 있었을까?

폐비 윤씨는 성종 7년(1476) 봄철에 연산군을 임신했다. 그 당시 성종은 스무 살의 혈기 왕성한 때로 첫째 왕비 한씨와 사별한 지 얼마 되지 않았다. 왕비가 없는 상황에서 성종은 열두 살이나 연상인 후궁 윤씨를 사랑해 아이를 갖게 되었다. 윤씨의 임신이 분명해진 8월, 성종은 윤씨를 아예 왕비로 책봉했다. 그해 봄부터 8월까지 성종과 윤씨는 너무나 다정한 관계였다.

그러나 윤씨가 왕비에 책봉된 전후로 성종과 폐비 윤씨의 사이는 금이 가기 시작했다. 성종은 폐비 윤씨의 임신이 분명해진 이후로 윤씨와 부부관계를 멀리했다. 한의학에서 금기시하는 대로 임신 중 유산을 막기 위해서라고 할 수 있다.

성종어필 _ 국립중앙박물관 소장

　그런데 문제는 성종이 너무 젊다는 데 있었다. 스무 살의 성종은 폐비 윤씨 대신 다른 후궁들을 가까이했다. 엄 숙의(淑儀)와 정 소용(昭容)이라고 하는 두 명의 후궁이었다. 겨울에는 정 소용도 임신을 하고 말았다. 성종은 욕정을 다스리기에는 너무 젊었고, 자신이 왕이었기에 폐비 윤씨가 이해하고 넘어가리라 기대했던 듯하다.

　그러나 임신 중의 폐비 윤씨는 참지도 않았고 이해하지도 않았다. 윤씨는 성종이 아끼던 엄 숙의와 정 소용을 질투하고 증오했다. 정 소용이 임신했다는 사실을 알게 되면서 폐비 윤씨는 거의 미칠 지경이 되고 말았다. 가을이 지나 겨울이 다가오면서 윤씨의 배는 점점 불러갔지만, 증오심은 점점 더 커가기만 했다. 성종과 폐비 윤씨 사이에는 싸움이 잦아졌다.

겨울 추위가 한창이던 음력 11월 7일, 운명의 연산군이 태어났다. 연산군이 태어난 뒤에도 성종은 엄 숙의와 정 소용을 계속해서 찾았다. 이 때문에 성종과 폐비 윤씨의 관계는 악화일로로 치달았다.

미움과 화를 참지 못한 폐비 윤씨는 성종과 싸울 때마다 온갖 악담을 퍼부었다. 심지어 손톱으로 얼굴을 할퀴어 상처까지 입힐 정도였다. 게다가 폐비 윤씨는 엄 숙의와 정 소용을 질투해 독약을 먹여 죽이려고까지 했다. 질투의 화신으로 변한 폐비 윤씨는 거의 사람의 본성을 잃을 정도였다. 결국 윤씨는 폐비되어 사약을 받고 말았다.

여기서 관심을 연산군에게로 돌려보자. 임신 중이던 폐비 윤씨의 질투심 그리고 사람을 죽이고 싶어할 정도의 증오심이 뱃속의 연산군에게 어떤 영향을 주었을까? 임신 중 어머니의 몸과 마음의 상태를 태아가 그대로 닮는다면 연산군은 질투심과 증오심으로 가득 찬 채 태어나지는 않았을까?

연산군이 명령했다.

"안양군 이항과 봉안군 이봉을 창경궁으로 잡아오라."

안양군과 봉안군을 창경궁으로 잡아들이자 연산군이 다시 명령했다.

"엄씨와 정씨 그리고 안양군과 봉안군을 모두 대궐 뜰로 내보내라."

이때는 벌써 삼경(밤 11~1시)이었다. 엄씨와 정씨는 성종의 후궁이며, 안양군과 봉안군은 정씨의 소생이었다. 연산군은 자신을 낳아준 윤씨가 왕비 자리에서 쫓겨나 죽은 것이 엄 숙의와 정 소용의 모함 때문이라고 생각했다. 그 때문에 한밤중에 엄씨와 정씨를 대궐 뜰에 묶어놓고 손수 마구 때리고 짓밟기까지 했다.

이어 안양군과 봉안군을 불러 엄씨와 정씨를 가리키며 명령했다.

"이 죄인들을 쳐라."

안양군은 어두워 누군지도 모르고 연산군이 치라는 대로 곤장을 쳤다. 그러나 봉안군은 마음속으로 어머니임을 알고 차마 곤장을 대지 못했다. 연산군은 불쾌하게 생각해 사람을 시켜 마구 치면서 온갖 참혹한 짓을 다 했다. 마침내 매를 맞던 엄씨와 정씨는 죽고 말았다.(중략)

뒤에 연산군은 엄씨와 정씨의 시신을 가져다 찢어 젓을 담가 산과 들에 흩어 버렸다.

— 『연산군일기』 권 52, 10년 3월 신사조

이 기록은 연산군의 못된 성품을 드러내기 위해 실었을 것이다. 그러나 여기에서 무섭게 가슴에 와닿는 것은 무시무시한 태교의 결과이다. 어두운 밤에 연산군이 자신의 어머니뻘인 엄 숙의와 정 소용을 때리고 짓밟기까지 했던 그 증오심은 어디에서 왔을까? 자식을 시켜 친어머니를 때려죽이게 하는 그 끔찍한 살기는 어떻게 이해해야 할까?

아무리 생각해도 그것은 연산군만의 것이라고는 보이지 않는다. 연산군의 마음속에 들어 있던 폐비 윤씨의 질투심과 증오심이 그토록 끔찍한 행동으로 드러난 것이라고밖에 달리 이해되지 않는다. 결국 폐비 윤씨의 임신 중 질투심과 증오심이 연산군의 마음을 해쳤다고 할 수 있다. 조선시대 최대의 폭군으로 지탄받는 연산군의 배후에는 부모의 잘못된 태교가 있었던 것이다. 임신 중의 그 끔찍한 마음이 그대로 자식에게 물려진다는 것을 생각하면 얼마나 무서운 일인가? 잘못된 태교로 훗날 자식이 마음을 해치고 패가망신할 것이라 생각하면 얼마나 두려운 일인가?

아이를 가진 여성은 무엇보다도 자신의 마음을 잘 다스려야 한다. 이것이 태교에서 가장 중요하게 여기는 점이다. 임신 중 억울한 마음과 죽이고 싶은 분노가 끓어오를 때, 이를 삭일 수 있어야 한다는 것이다. 그것은 결국 용서하는 마음과 생명에 대한 경외가 있어야 가능할 것이다. 그 못지않게 임신한 부인의 몸과 마음을 안정시키는 남편의 역할도 중요하다. 남편도 부인 이상으로 생명에 대한 경외가 필요하다.

연산군의 사례는 자식들에게 물려줄 우리의 몸과 마음이 어떠해야 하는지, 또 안다는 것보다는 실천하는 것이 얼마나 중요한 일인지를 보여주는 역사적 교훈이라고 하겠다.

태교를 잘못했을 때의 부작용

태교를 잘못하면 태어나는 자식이 어리석게 된다. 그뿐만 아니라 모습도 온전하지 못하고 질병도 많게 된다. 유산할 수도 있고 난산할 수도 있다. 난산 끝에 태어난다고 해도 요절할 수 있다. 이런 일들은 모두 태교를 잘못해서 나타나는 현상이다. 그런데도 감히 '나는 모른다'고 할 수 있겠는가? 『서경』에 "하늘의 재앙은 피할 수 있지만 스스로 만든 재앙은 피할 수 없다."고 하였다.

『태교신기』

임신을 확인하는 방법

임신 확인은 예나 지금이나 매우 중요하다. 임신 초기에는 작은 실수도 유산을 초래하기 쉬우며, 혹 유산이 안 된다고 해도 태아에게 심각한 영향을 줄 수 있다. 또 임신이 확인되어야 태교 등을 본격적으로 시작할 수 있다.

하지만 문제는 초기에 임신을 확인하기가 쉽지 않다는 데 있다. 임신 한두 달에는 임신을 한 것 같기도 하고 아닌 것 같기도 해 당사자도 잘 모르는 경우가 많다. 현재도 임신 초기에 속이 더부룩하면 체한 증상인지 임신 증상인지 거의 구분하지 못한다.

조선시대 왕실에서 왕비의 임신 여부를 확인하는 방법은 크게 두 가지였다. 첫째는 왕비의 몸에 나타나는 변화를 통해 확인하는 것이고 둘째는 어의들의 진맥을 통해 확인하는 것이다.

임신 후 여성의 몸에 나타나는 가장 큰 변화는 월경이 멈춘다는 사실이다. 한두 달 정도 월경이 멈추면 대부분의 여성들은 임신이 아닌가 하고 의심한다. 조선시대 왕비의 임신 여부도 일차적으로는 월경이 멈추는 데서 찾았다. 한두 달 정도 월경이 멈추면 일단 임신이라 생각했다. 하지만 그것만으로는 정확하지 않았다. 단순한 생리불순일 수도 있기 때문이었다.

따라서 왕실에서는 신방험태산(神方驗胎散)이나 애초탕(艾醋湯) 같은 약을 이용해 임신 여부를 확인했다. 신방험태산은 궁궁이, 당귀로 만든 약이다. 이것을 먹고 4～6시간이 지난 뒤 배꼽 아래에 미세하게 꿈틀거리는 움직임이 많아지면 임신이라고 생각했다. 반대로 움직임이 없으면 임신이 아니라고 여겼다. 애초탕은 약쑥을 달인 것인데, 애초탕을 먹고 배가 몹시 아프면 임신이고 아무렇지도 않으면 임신이 아니라고 했다.

헛구역질이 나거나 특정 음식이 몹시 먹고 싶어지는 것도 빼놓을 수 없는 임신 증상이다. 헛구역질은 음식 냄새를 맡거나 음식이라는 말만 들어도 토하거나 속이 메슥메슥해 현기증이 나는 증상이다. 이 증상은 임신한 지 60일이 지나면 나타난다고 한다.

여자의 자궁 경락은 위장에서 입으로 연결되어 있는데, 위장에 음식이 들어오면 기가 입으로 올라옴으로써 이런 증상이 나타난다고 한다. 대체로 헛구역질은 저절로 없어지는데, 너무 심할 경우 약을 써서 속을 안정시켰다.

특정 음식이 몹시 먹고 싶다는 것은, 예컨대 갑자기 신 것이 먹고 싶거나 고기가 먹고 싶어지는 경우다. 임신 때문에 오장이 허해짐으로써 이런 증상이 나타나는데, 이때는 먹고 싶은 음식을 맘껏 먹게 해야 한다고 했다.

그러나 왕비의 임신 여부를 확정하는 것은 역시 전문가인 어의들의 진

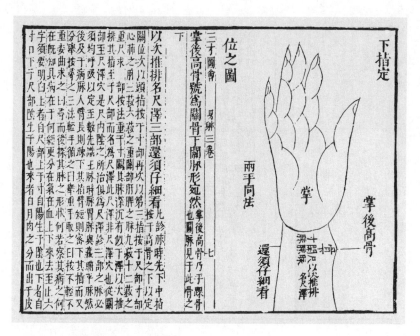

하지정위지도(下指定位之圖), 『삼재도회』
삼부맥(三部脈)의 위치를 보여주는 그림이다.

맥이었다. 어의들은 왕실 사람들의 건강을 책임지고 있던 사람들이다. 천하의 명의로 이름 높던 허준도 선조와 광해군 때의 어의였다.

조선시대 어의들은 대궐 안의 내의원이라고 하는 관청에서 근무했다. 어의들은 정기적으로 왕을 진맥했을 뿐만 아니라, 왕비가 임신하거나 아플 때도 진맥했다. 왕비의 진맥을 알아보기 위해서는 기록이 잘 남아 있는 왕의 진맥을 살펴볼 필요가 있다.

어의들이 진맥하는 방법은 왕의 자세에 따라 달랐다. 의자에 앉았을 때와 방바닥에 누웠을 때의 진맥 방법이 같을 수는 없었다. 보통의 경우 왕은

복진앙진지도(覆診仰診之圖), 『삼재도회』
복진(覆診)은 다른 사람의 맥을 짚는 방법이고 앙진(仰診)은 자신의 맥을 짚는 방법이다.

앉은 자세에서 업무를 보았다. 그러므로 어의들이 왕의 집무실인 편전에서 진맥할 때 왕은 앉은 자세였다.

　편전에서 진맥할 때는 서너 명의 어의가 함께 들어갔다. 여러 명이 같이 진맥해 정확한 결과를 알기 위해서였다. 진맥에 앞서 어의들은 편전 안의 기둥 바깥쪽에 엎드려 기다렸다.

　왕이 진맥을 받기 위해 의자에 앉으면 첫 번째 어의가 일어나 왕의 왼쪽으로 가서 절을 했다. 이어 왕의 왼손목을 잡고 진맥한 뒤 또 절을 했다.

다음으로 왕의 오른손목을 잡고 진맥했다. 진맥은 손목의 삼부맥(三部脉)이라고 하는 세 부분을 짚어보는 것이었다.

왕의 왼손부터 진맥했던 까닭은 왼쪽이 양이기 때문이다. 왕비는 음이므로 오른손부터 했다. 어의는 진맥이 끝나면 자기 자리로 물러가 엎드렸다. 다음 어의도 똑같은 방법으로 했다. 만약 왕이 방에 앉거나 누운 자세라면 편의에 따라 절을 생략하고 진맥했다.

왕비의 임신을 확인하기 위한 진맥은 더 신중했다. 배가 불러오기 전 초기의 임신 여부를 확인하려면 무척 세심한 진맥이 필요했다. 『동의보감』에는 다음과 같은 임신맥이 소개되어 있다.

월경을 하지 않은 지 3개월인데, 척맥(尺脈)이 쉬지 않고 뛴다면 임신이다. 맥이 매끄럽고 빠르며 손으로 누르면 흩어지는 맥이라면 임신 3개월이다. 맥이 묵직해 손으로 눌러도 흩어지지 않는 맥이라면 임신 5개월이다. 삼부맥을 약하게 짚거나 세게 짚거나 맥이 똑같이 나타나면 임신이다.

— 『동의보감』 잡병편 10, 부인

이런 진맥 방법은 손을 쓰지 않고는 거의 불가능하다. 진맥의 기본 방법은 어의가 자신의 둘째, 셋째, 넷째 손가락으로 손목에 있는 3부, 곧 촌(寸), 관(關), 척(尺)의 맥을 짚어보는 것이다. 맥을 정확히 재기 위해 세게 짚기도 하고 약하게 짚기도 한다.

더 정확한 상태를 알려면 왕비의 얼굴색, 피부 상태, 목소리, 비만 여부 등을 종합적으로 고려해야 한다. 그러므로 어의가 왕비의 임신을 확인하기 위해서는 삼부맥을 손으로 짚을 수밖에 없었다. 물론 이때도 왕의 경우와 마찬가지로 여러 명의 어의들이 동시에 진맥했다. 다만 남녀유별을 강조하기 위해 왕비의 손목만 보이게 하고 진맥했을 가능성이 높다.

조선 왕실에서 왕비의 임신 확인은 초기에 이루어졌으리라 생각된다. 합방 이후 왕이나 왕비, 또는 대비는 왕비의 임신에 촉각을 곤두세웠을 것이므로 왕비의 몸에서 임신 징후가 보이면 곧바로 어의들을 불러 확인했으리라 판단된다.

다만 이런 경우 진맥은 비공식적으로 이루어졌을 가능성이 높다. 조선시대 왕비의 임신이 갖는 정치적 의미가 너무 컸으므로 만에 하나 잘못되었을 경우 수습이 어려웠다. 그러므로 왕비의 출산이 서너 달쯤 남아 더 이상 의심할 여지가 없게 되었을 때, 산실청을 설치하고 공식적으로 어의들로 하여금 진맥하게 했다. 이런 면에서 산실청의 어의들이 했던 왕비 진맥은 관료들과 백성들에게 왕비의 임신을 널리 알리는 행사였다고 하겠다.

알렌이 명성황후를 진맥하는 모습

"나는 어의의 자격으로서 개인적으로 왕족과 친밀하게 지낼 수 있었지만 그때에도 나는 왕비를 만나보지 못하다가 몇 년이 지나서야 그녀를 만나뵙고 격의 없는 대화를 나누었다. 그 무렵 왕비가 병환을 앓고 있을 때 환관 한 사람이 칸막이를 통해 신중히 천으로 감싼 왕비의 팔을 내미는데 다만 팔 위의 맥박이 1인치 정도만 보일 뿐이었다. 그러고는 왕비의 혀를 칸막이에 뚫린 구멍으로 내밀어서 나의 검진을 받으려 했다. 그들은 중국에서와 마찬가지로 의사는 양쪽 팔목을 손가락으로 짚고 혀를 살펴보아 진찰을 하는 것으로 생각하고 있었기 때문이다." 『조선견문기』

음양오행의 상생상극에 의거한 음식 태교

임신부와 태아는 탯줄로 연결되어 있다. 수정된 직후 작은 이슬방울 같던 태아가 사람으로 성장해 가는 데 필요한 모든 영양분은 이 탯줄로부터 온다. 어머니가 먹고 마시는 모든 것은 탯줄을 통해 태아에게 전해진다.

당연히 임신부들은 태아를 위해 어떤 음식을 먹어야 할지 또 어떤 음식은 먹지 말아야 할지 고민한다. 이에 대한 해답도 다양하다. 전통적으로 내려오는 방법들이 있고 현대 의학에서 제시하는 방법들도 있다.

우리 조상들은 임신 중의 식생활을 유산 방지와 영양학적 관점 그리고 심리적 관점에서 바라보았다. 유산 방지는 뱃속의 태아를 유산하지 않기 위해 조심하는 식생활이다. 영양학적 관점은 태아의 성장 발육에 필요한 영양분들을 골고루 섭취하는 식생활이다. 그리고 심리적 관점은 영양분이 동일

한 음식물이라도 태아에게 심리적 악영향을 끼치는 음식을 피하는 식생활
이다.

왕비의 임신 중 유산 방지를 위한 식생활은 다양한 면에서 제시되었다.
그렇지만 기본 입장은 음양오행의 상생상극이었다. 갓 생겨난 태아에게 상
극이 되는 음식물은 유산을 초래할 수 있으므로 피해야 한다는 것이었다.

예컨대 소화를 촉진시키거나 혈기를 흩어지게 하는 음식은 태아에게
상극이라 하였다. 임신부가 이런 음식을 먹으면 뱃속의 태아는 없어지거나
흩어져버릴 수도 있다고 하였다. 유산의 위험이 있다는 뜻이다.

예컨대 『태교신기』에서는 태를 삭여버리거나 떨어뜨리는 음식으로 엿
기름, 마늘, 메밀, 율무 등을 들고 있는데 이런 음식은 소화 작용을 왕성하
게 한다고 한다. 또한 매운맛을 냄으로써 혈기를 흩어지게 하는 계피나 생
강 등은 양념으로 쓰지 말라고 하였다. 이 내용은 『동의보감』의 음식 금기
와도 일치한다.*

그러므로 임신 초기에 유산을 방지하기 위한 식생활은 가능한 한 소화
를 느리게 하고 혈기를 모이게 하는 음식물이 적당하다. 혈기를 모으는 음
식물은 신맛을 내므로, 임신 초기에는 매운맛의 음식을 삼가고 신맛의 음식
을 찾아야 한다. 『태교신기』에 실린 임신 중의 권장 음식으로는 다음과 같
은 것들이 있다.

자식이 단정하기를 바란다면 잉어고기를 먹어야 한다. 자식이 슬기롭고 기운

---

* 『동의보감』 잡병편 권 10, 부인

좋은 태교가 위대한 지도자를 길러낸다   91

이 세기를 바라거든 소의 콩팥과 보리를 먹어야 한다. 자식이 총명하기를 바란다면 해삼을 먹어야 한다. 해산할 때에는 새우, 미역을 먹어야 한다.

— 『태교신기』

『동의보감』에 의하면 잉어는 물고기 중의 왕이라고 한다. 잉어는 독성이 없을 뿐만 아니라 모양도 사랑스럽다. 임신부가 잉어를 먹으면 단정한 자식을 낳는다는 말은 잉어의 영양학적 측면뿐만 아니라 단정한 모습을 닮는다는 의미일 것이다. 『동의보감』에서도 잉어는 임신부의 태를 안정시키는 음식이라 하였다.[*]

또한 소의 콩팥은 사람의 신장을 보완해 주고[**] 보리도 사람의 오장을 충실하게 한다고 하였다.[***] 새우, 미역 등 해산물은 미끄러운 성질이 출산 시에 도움이 된다는 의미일 것이다.

음식의 원래 모습이나 요리한 모습이 좋지 않은 경우 그것을 먹으면 태아에게 나쁜 영향을 준다는 생각은 보편적이었다. 예컨대 율곡 이이가 선조에게 올린 『성학집요』에도 "맛이 이상하거나 자른 모습이 바르지 않은 음식은 먹지 말아야 한다."는 내용이 있다. 맛이 이상하다는 것은 혹시 상한 음식일지도 모르므로 조심해야 한다는 의미라고 하겠다. 임신부는 냄새나 색깔이 이상한 음식도 먹지 말아야 한다는 것도 같은 의미이다.

이에 비해 자른 모습이 바르지 않은 것은 음식 자체의 문제는 아니다.

---

[*] 『동의보감』 탕액편 권 2, 어부(魚部)
[**] 『동의보감』 탕액편 권 2, 수부(獸部)
[***] 『동의보감』 탕액편 권 2, 곡부(穀部)

무성의하게 아무렇게나 자른 것이 문제라는 것이다. 이런 음식은 그 자체로는 문제가 없지만 비정상적으로 차려진 모습이 태아에게 비정상적인 영향을 준다는 뜻이다.

이에서 나아가 음식 자체의 모습이나 특징이 사람의 눈에 혐오스러운 것도 태아에게 좋지 않다고 하였다.『동의보감』에서 임신부가 피해야 할 음식으로 거론한 게, 자라, 비늘 없는 물고기, 메기, 개고기 등이 그렇다.* 옆으로 걷는 게를 먹으면 아이가 태어날 때 가로놓여 나오고 비늘 없는 물고기를 먹으면 난산하며 자라고기를 먹으면 아이의 목이 짧아지므로 임신 중에는 먹으면 안 된다고 하였다.

이런 내용은 비과학적이라고 생각될 수도 있다. 그렇지만 예민한 상태의 임신부가 혐오스러운 모습의 음식들을 보고 좋지 않은 마음을 가질 수 있다는 면에서 설득력을 갖는다고 생각된다.

임신부들은 갑자기 특정 음식이 몹시 생각나는 때가 있다고 한다. 한밤중에 신 음식이 먹고 싶기도 하고 족발이 먹고 싶기도 하다고 한다. 이런 경우 먹고 싶은 음식과 태아는 무슨 관계가 있을까?

동양 의학에서는 이런 증상을 태아의 발육과 관련시켜 설명한다. 예컨대 신맛이 먹고 싶은 것은 다음과 같은 이유에서라고 한다.

신맛은 오행으로는 목에 해당하고 오장으로는 간에 해당한다. 신맛이 먹고 싶은 것은 간이 허하기 때문이다. 왜냐하면 태아에게 필요한 혈기를 만드는 곳이 간인데, 임신 초기에 간은 많은 혈기를 만드느라 허해진다. 그

---

* 『동의보감』 잡병편 권 10, 부인

러므로 간의 기운을 보충하기 위해서 신맛이 생각난다는 것이다.*

따라서 임신 중에 특정 음식이 먹고 싶을 때는 마음껏 먹어야 한다. 임신부가 먹고 싶은 것은 결국 태아의 몸을 성장시키는 데 필요한 영양소이다. 다만 정성을 다해 제대로 만든 음식을 먹을 때 임신부나 태아에게 유익하다는 것이 왕실 음식 태교의 핵심이었다.

---

* 『동의보감』 잡병편 권 10, 부인

임신 중 태아의 발육 과정

동양 의학에서는 생명의 탄생을 오행 가운데서도 수(水)의 작용으로 이해한다. 이는 남자의 정액과 여자의 월경이 기본적으로 물이기도 하려니와, 만물이 물에서 시작된다는 생각 때문이다. 수정 이후 태아의 성장과정도 다음과 같이 음양오행으로 설명한다.

"임신 한 달째 : 남녀의 정기가 합해져 한 개의 이슬방울처럼 된다. 이는 수(水)가 작용한 결과로서 태아의 몸이 성장하기 위한 태극이 된다.

임신 두 달째 : 이슬방울 같은 것이 붉은 복숭아 꽃술같이 바뀐다. 이것은 화(火)가 작용한 결과이다.

임신 세 달째 : 태아가 사람의 모양을 갖추고 남녀로 나뉜다. 이것은 기왕의 음과 양이 작용해 사람의 몸을 만들기 시작하는 것이다.

임신 네 달째 : 오행에 따라 몸의 각 부분이 만들어진다. 임신 4개월째는 수(水)의 정기를 받아 핏줄이 생기고 사람 모양이 갖추어지며 육부(대장, 소장, 위, 담, 방광, 삼초)가 만들어진다.

임신 다섯 달째 : 화(火)의 정기를 받아 음양의 기가 생기고 힘줄과 뼈 그리고 팔다리가 생기며 털이 만들어진다.

임신 여섯 달째 : 금(金)의 정기를 받아 힘줄, 입, 눈이 생겨난다.

임신 일곱 달째 : 목(木)의 정기를 받아 뼈와 피부, 털이 생기고 왼쪽 손을 움직이게 된다.

십월양태(十月養胎), 『동의보감』
임신 10개월간 태아의 성장과정을 설명하는 내용이다.

임신 여덟 달째 : 토(土)의 정기를 받아 피부가 생기고 몸체와 골격이 점점 자라며 이목구비가 생긴다. 아울러 신장이 생기고 오른손을 움직이게 된다.

임신 아홉 달째 : 마지막으로 석(石)의 정기를 받아 피부와 털 그리고 모든 뼈마디가 완전해진다.

임신 열 달째 : 몸을 완성한 태아가 자궁 밖으로 나온다."

『동의보감』 잡병편 권 10, 부인

임신부 자신의 건강을 위한 식생활

임신부는 태아를 위한 음식 태교도 해야 하지만 스스로의 건강도 조심해야 한다. 임신부가 건강을 잃는다면 음식 태교도 아무 소용이 없을 것이다. 임신부의 건강은 무엇보다도 식생활과 관계가 깊다.

조선 왕실에서는 식생활의 원칙도 음양오행에 따랐다. 사람이 먹고 마시는 음식뿐만 아니라 사람 자체도 음양오행의 산물이라는 생각에 따르면 당연한 현상이라고 할 수 있다. 음양오행에 따른 식생활이란 간단하게 말하면 음양오행의 상생상극에 입각하여 음식물을 요리하거나 차리는 것이다. 사람이 먹고 마시는 음식물에는 무수한 종류가 있다. 조선 왕실에는 그 많은 음식물들을 어떻게 음양오행으로 나누었을까?

방법은 의외로 간단했다. 각각의 음식물이 갖고 있는 맛, 빛깔, 냄새,

온도, 생산되는 장소에 따라 음양오행으로 나누었다. 그리고 이렇게 나눈 음식물들을 요리하거나 차릴 때 상생관계가 되도록 하였다. 아울러 계절에 따라 너무 더우면 찬 음식으로 또 너무 추우면 더운 음식으로 중화시켰다. 예컨대 고대 중국인들이 주식으로 이용했던 오곡(五穀)*과 오축(五畜)**을 사계절에 맞추어 배합하는 방식이 『예기주소』에 다음과 같이 실려 있다.

『예기』의 본문에 "봄에는 보리밥과 양고기를 주로 먹는다."고 하는 내용이 있다. 이에 대하여 정현은 "보리는 껍질이 있으며 목(木)에 속한다. 양은 화(火)에 속하는 가축이다. 봄에는 아직 추위가 있으므로 화에 속하는 양고기를 먹어서 성품을 편안하게 한다."고 하였다. 이것은 왜 양고기를 봄에 먹는지 그 이유를 밝힌 것이다. 즉 봄은 아직 추위가 남아 있으므로 화에 속하는 양고기를 먹음으로써 추위를 이기도록 한다는 뜻이다.

여름에는 콩밥과 닭고기를 주로 먹는데, 이는 수(水)에 속하는 콩과 목(木)에 속하는 닭고기로써 여름 더위를 이기게 하려는 것이다.

가을에는 마와 개고기를 주로 먹는데, 이는 가을 기운이 생활에 적합하므로 따로 중화시킬 필요 없이 금(金)에 속하는 마와 개고기를 먹으면 되기 때문이다.

겨울에는 기장밥과 돼지고기를 주로 먹는데, 이는 화(火)에 속하는 기장으로써 겨울의 추위를 이기고 다시 수(水)에 속하는 돼지고기로써 기장의 화 기운을 누르기 위해서이다.

— 『예기주소(禮記注疏)』*** 권 14, 월령(月令) : 공영달 소(疏)

---

* 고대 중국인들이 주식으로 이용했던 다섯 가지 곡물로서 보리[麥], 기장[黍], 콩[菽], 마[麻], 피[稷]다.
** 집에서 기르는 다섯 가지 가축으로서 소, 양, 돼지, 개, 닭이다. 오축은 육류 음식을 대표한다.

또한 밥상에 밥, 국, 간장, 마실 것을 차릴 때도 각각을 음양오행의 조화에 따라 준비했다. 곧 밥은 오행 가운데 목으로 쳐서 따뜻하게 하고 국은 화로 보아 뜨겁게 했다. 간장은 금으로 보아 시원하게 하고 마실 것은 수로 보아 차게 했다. 이것은 밥의 목 기운이 국의 화 기운을 상생시키고, 간장의 금 기운이 마실 것의 수 기운을 상생시키게 하려는 것이다. 아울러 식단은 철따라 달라졌다. 철마다 나는 음식이 달랐기에 그렇다.

오행, 오곡, 오축 및 음식물의 각종 특징								
오행	오곡	오축	맛	색	냄새	방향	온도	계절
목(木)	보리[麥]	닭[鷄]	신맛	청색	노린내	동쪽	따뜻함	봄
화(火)	기장[黍]	양[羊]	쓴맛	붉은색	단내	남쪽	뜨거움	여름
토(土)	피[稷]	소[牛]	단맛	황색	향내	중앙	습함	늦여름
금(金)	마[麻]	개[犬]	매운맛	흰색	비린내	서쪽	서늘함	가을
수(水)	콩[菽]	돼지[彘]	짠맛	검은색	썩은내	북쪽	차가움	겨울

그렇지만 같은 음양오행이라고 해도 조선 왕실의 식생활은 중국의 식생활과 차이가 날 수밖에 없었다. 조선은 중국과 토양과 위치가 다르고 토산물도 다르기 때문이다. 당연히 조선 왕실의 식생활에 적용되는 음양오행의 상생상극은 조선의 토양에서 자란 음식물들을 대상으로 하였다.

그것은 구체적으로 달별로 나뉘어 전국에서 올라오는 진상품들이었다.

***『예기』는 조선시대의 사서삼경 중의 하나로서 대표적인 유교 경전이다. 『예기주소』의 주(注)는 한나라 때의 정현이 달았고 소(疏)는 당나라 때의 공영달이 달았다.

오행의 상생상극

상생 : 목생화 – 화생토 – 토생금 –
　　　금생수 – 수생목

상극 : 목극토 – 토극수 – 수극화 –
　　　화극금 – 금극목

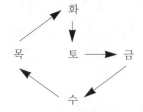

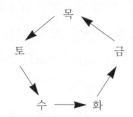

이 진상품들은 우리나라의 땅에서 자연의 바람과 비를 맞고 생산된 가장 좋은 제철음식들이었다.

순조대에 편찬된 『만기요람(萬機要覽)』에는 왕, 왕비 등에게 올리는 일상음식의 재료들이 종류와 수량별로 자세하게 기록되어 있다. 이에 의하면 왕, 왕비 등의 일상음식 재료에는 곡식류, 육류, 해산물류, 채소류, 과일류 등이 골고루 들어 있다.* 이중에서 종류가 가장 많은 것은 채소와 과일이었다.

곡식류는 쌀, 콩, 팥 및 차를 끓일 때 쓰는 보리가 주종을 이루었다. 육류는 꿩, 소 내장, 노루 등이며 해산물은 대구어, 조기, 알젓〔卵醢〕, 새우젓〔白蝦醢〕, 게젓, 오징어, 은어, 쏘가리, 게, 소라, 굴, 낙지, 뱅어 등이었다.

이에 비해 채소와 과일류에는 생파, 오이, 깻잎, 가지, 무, 배추, 미나

---

* 『만기요람』 재용편(財用篇), 공상(供上)

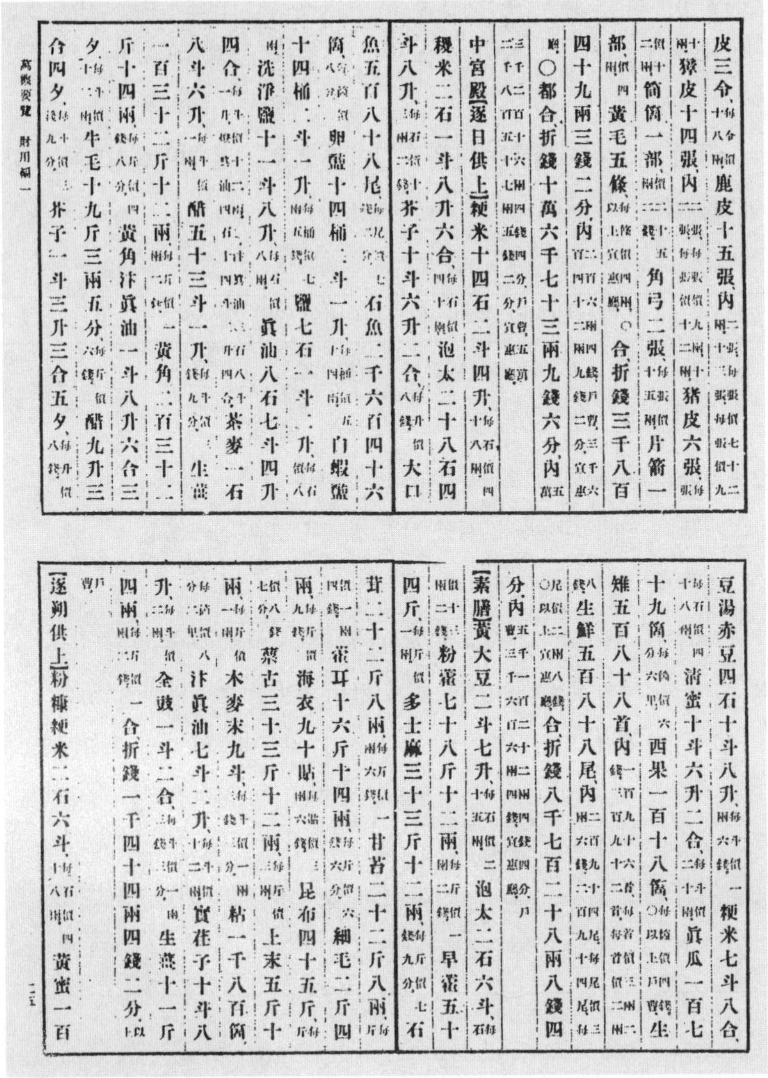
萬機要覽 財用編一

皮三令、鹿皮十五張、內
獤皮十四張、內 猪皮六張、
筒箇一部、角弓二張、片箭一
部、黃毛五條、○合折錢三千八百
四十九兩三錢二分、內
○都合折錢十萬六千七十三兩九錢六分、內
中宮殿【逐日供上】粳米十四石二斗四升、
粿米二石一斗八升六合、泡太二十八石四
斗八升、芥子十斗六升二合、大口
魚五百八十八尾、石魚二千六百四十六
箇、卵醢十四桶二斗一升、白蝦醢
十四桶二斗一升、醢七石一斗二升、
洗淨鹽十一斗八升、眞油八石七斗四升
四合、茶麥一石
八斗六升、醋五十三斗一升、生薑
一百三十二斤十二兩、黃角二百三十二
斤十四兩、黃角汁眞油一斗八升六合三
夕、牛毛十九斤三兩五分、醋九升三
合四夕、芥子一斗三升三合五夕、

豆湯赤豆四石十斗八升、一粳米七斗八合、
清蜜十斗六升二合、眞瓜一百七
十九箇、西果一百十八箇、生
雉五百八十八首、內
生鮮五百八十八尾、內
合折錢八千七百二十八兩八錢四
分、內
【素膳】黃大豆二斗七升、泡太二石六斗、
粉藿七十八斤十二兩、一早藿五十
四斤、多士麻三十三斤十二兩、石
甘苔二十二斤八兩、一甘苔二十二斤八兩、
藿耳十六斤十四兩、細毛二斤四
兩、海衣九十貼、昆布四十五斤、
蔡古三十三斤十二兩、上末五斤十
兩、木麥末九斗、粘一千八百箇、
汁眞油七斗二升、實荏子十斗八
升、金鼓一斗二合、生薑十一斤
四兩、一合折錢一千四百四十四兩四錢二分、
【逐朔供上】粉糯粳米二石六斗、黃蜜一百

중궁전 축일공상(逐日供上), 『만기요람』
왕비에게 매일 올리는 음식물의 종류와 양이 기록되어 있다.

리, 상추, 참외, 수박, 호박, 두릅, 송이버섯, 석이버섯, 앵두, 살구, 가래, 배, 밤, 대추, 호두, 잣, 곶감 등 철따라 생산되는 제철음식들이 거의 포함되어 있었다.

특히 채소와 과일류는 다음과 같이 월별로 제철에만 올리도록 규정되어 있었다.

조선시대 왕, 왕비, 세자, 세자빈의 월별 채소와 과일*	
1월	무, 녹두 나물[菉豆芽], 순무 싹[蔓菁芽]
2월	쑥 뿌리[水艾根], 미나리, 녹두 나물, 순무 싹
3월	무 줄기[蘿蔔莖], 미나리, 해바라기 나물
4월	미나리, 해바라기 나물, 상추, 장다리[長達里], 향채(香菜)
5월	오이, 미나리, 해바라기 나물, 상추, 장다리, 향채
6월	깻잎, 가지, 토란 줄기, 동아[冬瓜], 오이, 무채[蘿蔔菜], 수박, 참외
7월	토란 줄기, 동아, 오이, 무채, 가지, 호박, 수박, 참외
8월	동아, 오이, 무채, 가지, 수박, 참외, 어린 무[稗菁], 어린 배추[稗白菜]
9월	무, 무채, 토란, 수박, 김장무[沈菹菁根]
10월	토란, 무, 순무[蔓菁根]
11월	토란, 무, 순무, 녹두 나물, 순무 싹
12월	토란, 무, 순무, 녹두 나물, 순무 싹

* 『만기요람』 재용편(財用篇), 공상(供上)

임신한 왕비의 식생활도 보통 때와 마찬가지로 제철에 나는 음식물들을 중요하게 생각했다. 제철음식들은 각각의 맛, 냄새, 색깔, 생산지에 따라 오행으로 나뉘고 다시 각각의 음식물들은 상생관계로 맞물리게 식단이 짜여졌다.

　　그러나 왕비의 임신 중 식생활을 어느 한 가지로 고정시킬 수는 없다. 왕비의 체질도 제각각 다르고 개인적인 기호도 다르기에 그렇다. 중요한 점은 조선의 토양에서 자라난 싱싱한 제철음식들을 철따라 골고루 먹었다는 사실이라고 하겠다.

사철의 음식 궁합

"조미료는 봄에는 신맛이 많아야 하고, 여름에는 쓴맛이 많아야 하며, 가을에는 매운맛이 많아야 하고, 겨울에는 짠맛이 많아야 한다. 아울러 사철의 모든 맛들을 중화시켜 주기 위해 부드럽고 단것으로써 조리해야 한다.

소고기에는 쌀밥[稌]이 좋고, 양고기에는 기장밥[黍]이 좋으며, 돼지고기에는 피밥[稷]이 좋고, 개고기에는 조밥[粱]이 좋다. 아울러 기러기고기에는 보리밥[麥]이 좋고, 생선에는 고미밥[苽, 줄풀 열매]이 좋다.

봄에는 어린 양의 고기와 돼지고기가 좋으니 소기름으로 조리한다. 여름에는 꿩고기 말린 것과 물고기 말린 것이 좋으니 개기름으로 조리한다. 가을에는 송아지고기와 새끼사슴고기가 좋으니 닭기름으로 조리한다. 겨울에는 생선과 날짐승고기가 좋으니 양기름으로 조리한다."

『예기』 내칙(內則)

임신 중 금기 사항

조선시대의 임신한 여성에게는 수많은 금기 사항들이 있었다. 이 금기들은 오랜 세월 속에서 형성된 경험의 산물들이라 할 수 있다. 임신 중에 유산을 경험했거나 기형아를 출산했던 갖가지 상황들이 모이고 모여서 금기가 되었다. 그러므로 현재의 시각에서 보면 비과학적인 것들도 당시에는 절절한 합리이고 현실이었다.

임신 금기는 조선 왕실에도 거의 그대로 적용되었다. 왕비의 안전을 위해 또 몸과 마음이 건강한 후손을 위해 임신 금기는 꼭 지켜야 한다고 생각했다. 왕실의 임신 금기는 『동의보감』에도 자세하게 기록되어 있다.

『동의보감』에는 임신 금기가 음식 금기와 약물 금기로 나뉘어 있다. 그만큼 임신 중 음식과 약물이 태아에게 중요하다는 뜻이라 하겠다. 사실 뱃

임신 금기(姙娠禁忌), 『동의보감』
임신 중의 금기가 음식 금기와 약물 금기로
나뉘어 있다.

속의 태아는 어머니의 탯줄에 무방비 상태로 매달려 있다고 해도 과언이 아니다. 어머니가 잘못 먹은 음식이나 약물은 태아에게 치명적인 결과를 가져올 수 있다.

『동의보감』에서는 무엇보다도 임신 중의 음주를 금기시하고 있다. 임신부는 음주를 해서는 안 되며 술로 만든 약도 안 된다고 했다. 임신 중의 음주는 몸 안의 경맥들을 흩어 각종 질병을 초래하므로 술 대신에 물을 마셔야 하고 그것도 달여 마셔야 한다고 했다. 술 이외에 금기시된 음식으로는 다음과 같은 것들이 있었다.

당나귀나 말고기를 먹으면 해산이 늦어지고 난산한다.

개고기를 먹으면 벙어리가 태어난다.

토끼고기를 먹으면 언청이가 태어난다.

비늘 없는 물고기를 먹으면 해산할 때 난산한다.

게를 먹으면 해산할 때 아이가 가로놓여 나온다.

양의 간을 먹으면 아이에게 액이 많아진다.

닭고기와 달걀을 찹쌀과 같이 먹으면 아이에게 촌백충(寸白虫)이 생긴다.

오리고기와 오리 알을 먹으면 아이가 태어날 때 거꾸로 나온다.

참새고기를 먹고 술을 마시게 되면 아이가 음탕하고 부끄러움을 모르며 또는 참새자국 같은 것이 생긴다.

자라고기를 먹으면 아이의 목이 짧아진다.

생강 싹을 먹으면 아이의 손발가락이 많아진다.

율무쌀을 먹으면 유산한다.

비름나물을 먹으면 유산한다.

마늘을 먹으면 태기가 삭는다.

― 『동의보감』 잡병편 권 10, 부인

약물 금기는 음식 금기보다 더 복잡했다. 약은 더 위험하기 때문이었다. 그러므로 약물을 쓸 때는 신중에 신중을 기했다. 『동의보감』에서는 금기 약물을 노래 형식으로 죽 소개하고 있는데 거머리, 부자, 복숭아씨, 도마뱀 등 적지 않다. 음식과 약물 말고도 하지 말아야 할 행동과 가지 말아야 할 곳도 임신 금기라 할 수 있다. 예컨대 다음과 같은 내용들이다.

옷은 너무 따뜻하게 입지 말아야 한다.

음식은 너무 배부르게 먹지 말아야 한다.

술은 취하도록 마시지 말아야 한다.

탕약은 함부로 먹지 말아야 한다.

함부로 침을 맞거나 뜸을 뜨지 말아야 한다.

무거운 것을 들거나, 높은 곳에 오르거나, 험한 곳에 가지 말아야 한다.

과로하지 말아야 한다.

잠을 너무 많이 자지 말아야 한다.

반드시 때때로 걸어주어야 한다.

너무 놀라지 말아야 한다. 너무 놀라면 아이의 정신이 이상해진다.

산달에는 머리를 감지 말아야 한다.

높은 곳에 있는 화장실에는 올라가지 말아야 한다.

— 『동의보감』 잡병편 권 10, 부인

임신 중 왕비의 금기 사항은 근본적으로 먹고 마시는 음식과 약물을 조심하며 몸가짐을 신중히 하라는 내용이다. 그렇게 함으로써 태아는 좋은 것을 먹고 마시며 또 좋은 마음을 갖게 된다는 것이다. 좋은 몸과 좋은 마음, 그리고 총기를 갖고 태어나는 훌륭한 자녀는 그같은 노력으로써만 가능하다는 것이다.

태교의 목표

　조선 왕실의 태교는 뱃속의 태아도 출생한 아이와 마찬가지로 듣기도 하고 생각도 한다는 신념에 근거했다. 태아도 오감과 의식을 갖춘 완전한 인간으로 존재한다고 보는 것이다. 아울러 태교의 효과에 대한 증거는 과학적 실험이 아니라 역사적 사실에서 찾았다. 중국의 문왕과 무왕은 태교로써 위대한 성군이 되었다는 역사가 그것이었다.

　태교에 대한 조선 왕실의 목표와 신뢰는 『내훈』이라는 책에 잘 나타나 있다. 이 책은 인수대비 한씨가 왕실 여성들을 가르치기 위해 만든 궁중 여성 교과서였다. 중국의 유교 경전과 역사책에서 여성의 모범이 될 만한 내용들을 골라 뽑은 이 책은 한문뿐 아니라 한글로도 되어 있다.

　인수대비 한씨는 수양대군의 큰며느리이며 성종의 생모로 잘 알려져

주문왕(周文王)과 주무왕(周武王), 『삼재도회』

있는 분이다. 인수대비는 조선 초기의 여성이었는데도 한문과 유교 경전을 잘 알았다. 이런 식견을 바탕으로 인수대비 한씨는 시아버지 수양대군을 왕으로 만드는 데 큰 역할을 했다.

　　인수대비는 남편이 일찍 세상을 떠나는 바람에 왕비가 되지는 못했지만 자신의 둘째 아들을 왕으로 만들었다. 그분이 훗날의 성종이다. 이로써 인수대비는 세조, 예종, 성종, 연산군 대에 궁중의 실세로서 막강한 영향력을 행사했다. 이같은 인수대비가 만들었기에 『내훈』은 조선시대 내내 왕실 여성들이 꼭 봐야 할 책으로 여겨졌다. 인수대비는 임신 중의 태교에 대해 다음의 내용을 소개하고 있다.

문왕의 어머니 태임은 임신을 하자 눈으로는 나쁜 색을 보지 않으며 귀로는
음란한 소리를 듣지 않으며 입으로는 방탕한 말을 하지 않았다. 태임이 문왕
을 낳자 문왕은 태어나면서 지혜롭고 훌륭하였다. 태임이 하나를 가르치면 문
왕은 백을 알았다. 이에 군자는 다음과 같이 말하였다.
"태임은 태교를 잘하였다. 옛날에 부인이 임신을 하게 되면 잠잘 때 옆으로
눕지 않았으며 앉을 때 치우치게 앉지 않았으며 설 때 한 발로 서지 않았다.
음식의 맛이 이상하면 먹지 않았으며 음식을 썬 것이 단정하지 않으면 먹지
않았으며 자리가 단정하지 않으면 앉지도 않았다. 눈으로는 나쁜 색을 보지
않았으며 귀로는 음란한 소리를 듣지도 않았다. 밤에는 소경으로 하여금 시를
외우게 하고 교훈적인 내용들을 말하게 해 들었다. 이렇게 하고 자녀를 낳으
면 그 아이는 얼굴과 몸이 단정하고 재주와 덕이 뛰어났다. 그러므로 태임이
임신 중에 반드시 보고 듣는 것을 신중하게 했다. 임신부가 선한 것을 보고
들으면 자녀가 선하게 되고 임신부가 악한 것을 보고 들으면 자녀가 악하게
된다. 사람이 태어나 무엇인가를 닮게 되는 것은 왜인가? 그것은 뱃속에 있을
때 그의 어머니가 무엇인가에 감화되었기 때문이다. 사람은 태어난 이후에도
뱃속에서 들었던 모습과 소리를 닮게 된다. 그러므로 문왕의 어머니는 닮게
하여 감화시키는 방법을 알았다고 할 것이다."
— 『내훈』 권 3, 모의장(母儀章)

이 내용은 『열녀전』에 실려 있는 것을 인수대비 한씨가 소개한 것이다.

따라서 위의 태교는 조선 왕실에만 한정된 것은 아니었다. 오히려 조선시대 여성들에게는 상식화된 사실이라고 할 수 있다.

실제 조선시대 여성들에게 문왕의 어머니 태임은 좋은 어머니의 표본이었다. 예컨대 신사임당(申師任堂)은 조선시대를 대표하는 좋은 어머니라 할 만한데, 사임당이 표본으로 삼은 여성이 태임이었다. 사임당(師任堂)이란 당호(堂號)는 문왕의 어머니 태임을 스승으로 삼아 문왕처럼 훌륭한 아들을 보겠다는 각오였다.

조선시대 왕실을 비롯한 여러 계층의 여성들이 자녀 교육의 목표로 삼았던 문왕은 동양사 최고의 영웅으로 추앙되는 인물이었다. 유학을 대표하는 공자가 존경해 마지않던 사람이 문왕이었다. 문왕은 중국 역사상 가장 이상적인 국가로 생각되는 주나라를 세운 창업자이며 완벽하게 인격을 연마한 성인이었다. 이처럼 훌륭한 인물이 어떻게 가능했을까? 어머니의 태교가 그것을 가능케 했다는 것이다. 이런 이유로 조선시대 여성들은 너나없이 문왕같이 훌륭한 자녀를 보고 싶어했다.

특히 조선 왕실에서는 명실상부한 제왕을 길러내기 위해 태교를 행하였다. 나라와 백성이 태평성대를 누리기 위해서는 문왕 같은 위대한 지도자를 길러내야 하고, 그런 지도자는 태교를 통해 가능하다는 것이 왕실 태교의 목표이자 신념이었다.

닮게 하여 감화시키는 방법

임신 중 태아와 어머니의 관계는 과학적 실험을 통해 많은 부분들이 밝혀지고 있다. 어머니의 목소리와 감정 등이 태아에게 어떤 영향을 끼치는지도 실험을 통해 확인된다. 이를 통해 어머니의 몸 상태뿐만 아니라 감정 상태도 태아에게 영향을 준다는 사실들이 알려졌다.

우리 조상들에게는 이런 사실들이 별로 새삼스러울 것도 없었다. 어머니가 먹고 마시는 음식뿐만 아니라 보고 듣고, 생각하는 모든 것들이 태아에게 영향을 준다는 사실들을 이미 알고 있었기 때문이다. 여기에서 나아가 어떻게 하면 태아의 몸과 마음을 바람직한 방향으로 기를까 하는 태교에 관심을 기울였다.

우리 조상들이 생각하는 태교는 어찌 보면 단순하다. 어머니가 보고 들

고 생각하는 그대로 태아도 보고 듣고 생각한다는 것이다. 그러므로 좋은
태교란 어머니가 좋은 것을 보고 들으며 생각도 바르게 하는 것이다. 이는
어머니의 시청각적 반응과 심리적 상태를 태아가 그대로 닮는다는 의미이
다. 이같은 생각은 어디에 근거하였을까?

무릇 노래[音]라고 하는 것은 사람의 마음이 움직임으로써 생긴다. 사람의 마
음은 왜 움직이는가? 세상의 온갖 일들이 사람의 마음을 움직이게 하기 때문
이다. 사람의 마음은 세상의 온갖 일들에 반응하면서 소리[聲]를 낸다. 이 소
리가 서로 반응하면서 일정하게 변하는 것을 노래라고 한다. 노래에 춤까지
더하면 음악[樂]이 된다. 그러니 음악은 노래에서 생겼지만, 그 근본은 세상의
온갖 일들에 반응하는 사람의 마음이다.
그러므로 마음이 슬픈 사람은 그 소리가 삭막하다. 마음이 즐거운 사람은 그
소리가 느긋하다. 마음이 기쁜 사람은 그 소리가 들떠 있다. 마음이 성난 사
람은 그 소리가 사납다. 공경하는 마음을 갖고 있는 사람은 그 소리가 단정하
다. 사랑하는 마음을 갖고 있는 사람은 그 소리가 부드럽다. 그렇지만 이 여
섯 가지 소리는 하늘로부터 받은 천성에서 나는 소리가 아니다. 사람의 마음
이 세상의 온갖 일들에 반응하여 움직인 뒤에 나는 소리이기에 그렇다.
그러므로 선왕(先王)은 사람의 마음을 움직이게 하는 세상의 온갖 일들을 신중
하게 하였다. 그래서 예의로써 사람의 뜻을 올바로 인도하고자 하였으며 음악
으로써 사람의 소리를 조화롭게 하고자 하였다.
— 『예기』 악기(樂記)

附釋音注疏禮記卷第三十八

鄭氏注　孔穎達疏

樂記

昔者舜作五弦之琴以歌南風夔始制樂以賞諸侯故天子之為樂也以賞諸侯之有德者也德盛而教尊五穀時熟然後賞之以樂故其治民勞者其舞行綴遠其治民逸者其舞行綴短故觀其舞知其德聞其謚知其行也

故帝章之也

綴也

殷周之樂盡矣

咸池備矣

『예기』 중의 악기(樂記) 부분, 『예기주소(禮記注疏)』

이 기록은 유학자들의 예악이론일 뿐만 아니라 태교이론이기도 하였다. 여기에는 어머니가 왜 좋은 소리를 들어야 하고 좋은 것을 보아야 하는지 또 왜 바르게 생각해야 하는지에 대한 논리가 있다.

유교 철학자들은 세상의 만물과 사건 그리고 소리들이 사람의 마음에 영향을 준다고 생각했다. 보통 사람들의 마음은 보고 듣는 대로 반응한다. 슬픈 소리를 들으면 마음이 슬퍼지고 기쁜 모습을 보면 마음이 기뻐진다.

마음이 슬프거나 기쁜 것은 중용의 도리, 즉 하늘에서 받은 천성이 아니다. 그러므로 사람의 마음이 계속해서 슬프거나 기쁘기만 하여 중용을 찾지 못하면 본성을 잃어버릴 수 있다. 감정에 빠져 자신을 절제하지 못하게 된다는 의미이다.

하물며 지각이 전혀 발달하지 못한 태아는 더더욱 그렇다. 외부의 자극에 그대로 반응할 수밖에 없다. 어머니의 기쁨과 슬픈 감정은 그대로 태아의 감정이 된다. 어머니가 보고 듣는 것은 그대로 태아가 보거나 듣고 싶어 하는 대상이 된다.

어머니는 성인이라 시간이 지난 후 마음을 가다듬을 수 있다. 다시 좋은 소리를 듣고 좋은 모습을 보면서 이전의 기억들을 지울 수도 있다. 그러나 처음 받은 감정과 시청각적 자극에 반응하여 이미 닮아버린 태아는 어머니처럼 자유로울 수 없다.

따라서 조선시대 왕실에서 시행한 태교 방법은 단순하다고 할 수 있다. 천재 자녀를 원한다면 역사상의 천재를 보고 듣고 생각하면 된다. 훌륭한 자녀를 원한다면 이 세상의 훌륭한 사람을 보고 듣고 생각하면 된다. 그것은 결국 왕비 스스로 바른 행동을 하고 마음으로도 바른 생각을 하는 것이다.

구체적으로 왕비는 보고 듣는 것을 바르게 했다. 태아를 위해 좋은 소리를 듣고 좋은 것을 봤다. '밤에는 소경으로 하여금 시를 외우게 하고 교훈적인 내용들을 말하게 해 들었다.'는 『내훈』의 내용이 그것이었다. 여기 등장하는 소경은 최고의 음악가이며 이야기꾼을 의미했다. 당대를 대표하는 음악가가 들려주는 아름다운 음악소리와 위인전 등은 최상의 태교음악이며 태교이야기였다. 반대로 태아가 닮으면 안 되는 나쁜 소리나 나쁜 냄새, 나쁜 색은 보지도 않고 맡지도 않았다.

　왕비는 행동도 바르게 했다. 눕거나 앉고 서는 기본적인 몸가짐부터 온갖 행동에 이르기까지 어느 하나 함부로 행하지 않았다.

　마지막으로 왕비는 마음가짐도 바르게 했다. 곧고 바른 마음가짐은 그대로 태아의 마음가짐으로 이어진다고 생각했다. 왕비는 역사상 위대한 사람들의 말과 행동을 늘 마음속에 그리며 어긋나기 쉬운 자신의 마음을 바로잡아 나갔다.

　이처럼 왕비의 태교는, 뱃속의 아이는 어머니가 보고 듣고 생각하는 그대로 보고 듣고 생각한다는 기본 전제 아래 행해졌다. 이런 면에서 조선 왕실의 태교는 태아에게 해로운 것을 하지 않는다는 소극적인 교육이 아니라 유익한 것을 실천하는 적극적인 교육이었다고 할 수 있다.

임신 중의 마음가짐

"자식은 어머니의 피로써 생겨난다. 그런데 어머니의 마음이 동요하면 피도 동요하게 된다. 그러므로 어머니의 마음이 바르지 않으면 자식이 생겨나는 것 또한 바르지 않게 된다.

임신부의 도리는 경건한 자세로 자신의 마음을 보존해야 한다. 임신부는 사람을 해치거나 생물을 죽이려는 생각을 절대 하지 말아야 한다. 임신부는 자신의 마음속에서 간사한 생각, 훔치려는 생각, 질투하는 생각, 훼방하려는 생각을 뿌리 뽑아야 한다. 이렇게 한 후에야 입으로 하는 말이 떳떳하고 얼굴색도 평안할 수 있다. 만약 잠시라도 경건한 자세를 잊는다면 이미 그 피가 잘못되어 자식이 잘못될 수 있다. 그러므로 임신부는 반드시 경건한 자세로 자신의 마음을 보존해야 한다." 『태교신기』

태아를 위한 아버지의 역할

태교란 근본적으로 뱃속의 태아를 가르치는 것이다. 태교의 핵심은 어머니의 몸과 마음을 태아가 닮는다는 데 있다. 그러므로 태교에서는 아무래도 아버지보다는 어머니의 역할이 더 중요할 수밖에 없다.

그렇다고 남성의 역할이 없다는 것은 절대 아니다. 무엇보다도 임신 중여성의 몸과 마음이 남성과 무관할 수가 없다. 아울러 행동이 조심스러운여성을 대신해 바람직한 임신 환경을 만드는 것도 남성의 역할이다.

나아가 아버지도 뱃속의 태아를 위해 노래를 불러줄 수 있다. 책을 읽어주거나 이야기를 들려줄 수도 있다. 이처럼 남성이 행하는 태교를 여성의모성 태교(母性胎敎)에 비교하여 부성 태교(父性胎敎)라고 한다.

조선 왕실에도 왕의 부성 태교가 있었다. 권위와 체면으로 가득했던 그

시대의 최고지도자인 왕도 부성 태교를 했던 것이다.

왕의 부성태교는 우선 부부생활이라는 측면에서 찾을 수 있다. 『동의보감』의 임신 금기 중 첫 번째가 "임신 후에는 남녀 교합을 크게 금기시한다."*는 것이었다. 임신 중 부부생활이 자칫 유산을 불러올 수도 있기 때문이었다. 따라서 왕비의 임신이 확인되면 왕도 뱃속의 태아를 위해 부부생활을 자제해야 했다.

하지만 왕의 주변에는 왕비 말고도 후궁이나 궁녀 등 수많은 여성들이 있었다. 임신 중인 왕비와 태아의 몸과 마음을 생각한다면 왕은 후궁이나 궁녀와의 성생활도 자제할 필요가 있었다. 아무리 왕비의 수양이 깊다고 해도 남편이 다른 여성과 성관계를 갖는다면 왕비는 마음의 상처를 입을 수 있기 때문이다.

실제로 왕실에서는 부성 태교를 중요하게 생각했고, 왕비가 임신을 하게 되면 왕은 후궁이나 궁녀들과의 성관계를 자제했던 것이 사실이다.

이외에도 왕은 바람직한 임신 환경을 조성하기 위해 노력했다. 예컨대 왕비의 임신이 분명해지면 궁궐 안에서 매를 때리는 형벌을 중지했다. 궁궐 안에서 매를 치게 되면 비명소리가 왕비의 귀에까지 들릴까 우려해서였다. 고통을 못 이겨 부르짖는 비명소리는 참혹하기 마련이다. 그런 소리는 임신 중의 왕비가 절대로 들어서는 안 되는 금기 사항 중의 한 가지였다.

다음으로 궁궐 안에서 시끄럽게 떠드는 소리도 모두 금했다. 본래 궁궐 안에서 큰소리로 떠드는 것은 금지 사항이었으나 왕비가 임신을 하게 되면

---

* "受孕之後 大忌男女交合"(『동의보감』 잡병편 권 10, 부인, 임신 금기)

더욱 엄해졌던 것이다.

　또한 왕비가 임신을 하게 되면 왕은 온 나라에서 짐승을 잡는 것도 금했다. 비록 짐승이라고 해도 혹시 그 원혼이 왕비와 뱃속 태아에게 해를 끼치지 않을까 걱정했기 때문이다. 당연히 왕비가 임신 중일 때는 사람을 사형시키는 일도 중지되었다.

임신부를 위해 가족들이 할 일

"뱃속의 태아를 잘 기르는 일은 임신부 혼자서만 할 수 있는 것이 아니다. 온 가족이 함께 늘 조심해야 한다. 가족들은 분한 일이 있어도 임신부에게는 알리지 말아야 한다. 왜냐하면 임신부가 분노할 수 있기 때문이다. 흉한 일도 알리지 말아야 한다. 두려워할 수 있기 때문이다. 어려운 일이나 긴급한 일도 알리지 말아야 한다. 걱정하거나 놀랄 수 있기 때문이다.

임신부의 분노하는 마음은 태아의 피를 병들게 한다. 두려워하는 마음은 정신을 병들게 하고 걱정하는 마음은 기(氣)를 병들게 한다. 임신부의 놀라는 마음은 태아의 경기를 유발할 수도 있다." 『태교신기』

산실청과 산실

산부인과 의술이 발달한 요즘도 해산을 앞둔 여성들은 온갖 불안감에 휩싸인다. 너무 아프지는 않을지, 무사히 해산할 수 있을지, 아이는 정상적으로 태어날지 등등 모든 것에 불안해한다. 하물며 의술이 발달하지 못했던 과거에 해산을 앞둔 여성들의 불안감은 현재보다 훨씬 더했다.

불안에 떠는 임신부가 무사하게 해산하기 위해서는 의학적 처방뿐만 아니라 심리적 안정과 확신도 중요하다. 조선 왕실에서 설치했던 산실청(産室廳)과 산실(産室)은 이런 면에서 눈여겨볼 필요가 있다.

산실청은 임신 중인 왕비의 건강을 관리하던 곳으로 해산 예정 서너 달 전쯤에 설치되었다. 대부분 열 달 만에 해산하지만 한두 달 먼저 조산하는 경우도 적지 않기 때문이다. 산실청은 왕비가 거처하는 중전 부근에 마련되었다.

산실청에는 어의와 의녀, 조정대신이 배속되었다. 어의들은 탕약 조제, 침, 뜸, 진맥 등등 한의학의 각 분야에서 당대 최고의 실력자들이었다. 의녀들은 여의사였다. 산실청의 책임자는 현임 정승이나 원로대신이 맡았다. 임신 중인 왕비의 건강을 유지하고 좋은 후손을 낳게 하는 일이 왕조 국가에서는 무엇보다도 중요한 나랏일이었기에 그랬다.

어의들과 조정 대신들은 산실청에서 비상 대기 상태로 일했다. 의녀도 왕비 옆에서 밤낮으로 머물렀다. 왕비의 몸에 약간의 이상이라도 발견되면 의녀는 곧바로 산실청의 어의들에게 알렸다. 최고 실력의 어의들이 바로바로 처방을 내릴 수 있도록 하기 위해서였다.

왕비의 해산 예정 한두 달 전쯤에는 산실을 만들었다. 산실은 해산을 위한 방으로서 왕비가 거처하는 중전에 만들었다. 예컨대 경복궁이라면 교태전, 창덕궁이라면 대조전이었다. 이렇게 일찍 산실을 만드는 이유는 왕비에게 무사 해산의 확신을 주기 위해서였다.

요즘의 해산 환경은 주로 산모와 태아의 건강 상태, 분만실의 청결 등 주로 의학적 측면을 생각한다. 이는 분명 의학적이라고 할 수 있다. 그렇지만 너무나 의학적이기에 오히려 비인간적인 느낌이 들기도 한다.

예컨대 오늘날 분만실에 들어가는 산모에게는 그곳의 사람이나 환경 모두 낯선 경우가 대부분이다. 분만실도 처음 보는 곳이고 아이를 받아줄 사람들도 처음인 경우가 많다. 해산을 앞둔 불안한 산모가 낯선 환경과 사람들로부터 심리적 안정을 찾기는 어려울 것이다.

또한 대부분의 분만실은 대낮같이 밝게 하며, 자연분만이 아닌 경우에

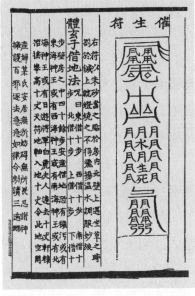

안산방위도(安産方位圖), 『동의보감』

최생부(催生符)와 체현자차지법(體玄子借地法),
『동의보감』

는 산모에게 마취를 시키기도 한다. 어두운 자궁 속에 있던 태아가 갑자기
환한 곳으로 나왔을 때 그 영향이 긍정적일지는 의문이다. 마취를 할 경우
에는 더더욱 그렇다.

　이에 비해 조선시대 왕비가 해산할 때는 몇 달 동안 낯을 익힌 의녀들이
아이를 받았다. 산실도 친숙한 공간이었다. 게다가 산실은 어둑한 분위기였
다. 이런 점에서 왕비의 해산 환경이 상대적으로 인간적이라 할 것이다.

　그렇지만 조선시대 왕비의 분만을 위해 수술을 하거나 마취를 시키는
일은 없었다. 출산에서 산모와 태아의 안전은 거의 전적으로 산모 자신에게

달려 있었다는 의미이다. 그러므로 산모에게 무사해산을 확신시키는 일이 무엇보다도 필요했다. 이같은 일들이 산실에서 이루어졌다.

예컨대 산실을 만들 때 산실의 북쪽 벽에는 붉은색으로 만든 안산도(安産圖)라고 하는 부적을 붙였다. 이 부적은 산실에 혹시 있을지도 모를 잡귀들을 몰아내기 위한 것이다. 안산도 아래에는 최생부(催生符)와 차지부(借地符)라고 하는 부적을 붙였다. 최생부는 산모의 무사 출산을 바라는 내용이고, 차지부는 해산을 위해 산실 공간을 빌리니 하늘과 땅의 신들은 잡귀를 몰아내고 산모와 아이를 보호해 달라고 하는 내용이었다.

방바닥 위에는 왕비가 해산할 자리를 깔았다. 맨 아래는 고운 볏짚을 깔고 그 위에 볏짚으로 만든 빈 가마니를 올렸다. 그 위로 풀로 엮은 돗자리, 양털 방석과 기름종이, 백마 가죽, 고운 볏짚을 차례로 깔았다. 해산 자리의 머리 쪽으로는 날다람쥐 가죽을 두고 다리 쪽으로는 비단을 두었다. 백마 가죽, 비단, 날다람쥐 가죽은 무사 해산과 좋은 아들을 낳기 바라는 뜻에서 사용했다.

이어서 "산실 공간을 하늘과 땅의 신명에게 빌리니 이곳을 보호해 주십시오."라고 하는 주문을 세 차례 읽었다. 그 내용은 다음과 같았다.

동쪽 10보, 서쪽 10보, 남쪽 10보, 북쪽 10보, 위쪽 10보, 아래쪽 10보의 방 안 40여 보를 출산을 위해 빌립니다. 산실에 혹시 더러운 귀신이 있을까 두렵습니다. 동해신왕, 서해신왕, 남해신왕, 북해신왕, 일유장군(日遊將軍), 백호부인(白虎夫人)께서는 사방으로 10장(丈)까지 가시고, 헌원초요(軒轅招搖)는 높이높이 10장까지 오르시고, 천부지축(天符地軸)은 지하로 10장까지 내려가서

서, 이 안의 임산부 모씨(某氏)가 방해받지도 않고 두려움도 없도록 여러 신께

서 호위해 주시고, 모든 악한 귀신들을 속히 몰아내주소서.

— 『동의보감』 잡병편 권 10, 부인

주문이 끝난 뒤에는 왕비가 해산할 때 잡을 말고삐를 매달았다. 천장에

는 구리 방울을 달았다. 해산 중 왕비에게 위급한 상황이 발생했을 때 즉시

사람들을 부르기 위해서였다. 마지막으로 해산자리에 깔았던 볏짚을 해산

후에 내걸기 위해 산실문 밖에 세 치 길이의 큰 못 세 개를 박았다. 못 위에

는 붉은색 실을 걸어놓았는데 이것은 뒤에 금줄 역할을 하였다. 산실은 왕

이 진행 상황을 직접 돌아볼 정도로 중요했다.

조선 왕실의 산실은 『동의보감』의 처방에 따라 만들어졌는데, 신비 종

교의 비밀 의식 같은 느낌이 들 수 있다. 그렇지만 산실은 근본적으로 천지

신명의 가호를 받아 무사히 해산하고자 하는 소망에서 만들어졌다. 이를 통

해 왕비는 무사 해산을 확신할 수 있었다.

해산할 때 주의할 점

"해산 날짜가 가까이 다가오면 임신부는 음식을 든든히 먹어야 한다. 또한 가볍게 자주 걸어주어야 한다. 아울러 잡스런 사람들을 만나지 말아야 하며 태어날 자식을 위해 미리 유모를 골라야 한다. 진통이 온다고 몸을 비틀면 해산하기 어렵다. 오히려 뒤로 비스듬히 누운 자세로 해야 쉽게 해산할 수 있다."

『태교신기』

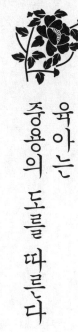

육아는
중용의 도를 따른다

부모의 애정 결핍이 부른
조선 왕실 최대의 비극_사도세자

사도세자 思悼世子 (장헌세자 莊獻世子) (1735~1762) 조선 제21대 영조의 제2자. 이복형 효장세자(孝章世子)가 요절하자 세자에 책봉되었다. 1749년(영조 25) 영조의 명을 받고 15세에 대리기무(代理機務)를 보았다. 1762년 김한구(金漢耉)와 그의 일파인 홍계희(洪啓禧)·윤급(尹汲) 등은 세자의 장인 영의정 홍봉한(洪鳳漢)이 크게 세력을 떨치자 홍봉한 일파를 몰아내고 세자를 폐위시키고자 윤급의 종 나경언(羅景彦)을 시켜 세자의 비행 10여 가지를 들어 상변(上變)하게 하였다. 이에 영조는 대노하여 나경언을 참형하고, 세자에게 마침내 자결을 명령하였으나, 이를 듣지 않자 뒤주 속에 가둬 죽게 하였다. 영조는 곧 뉘우쳐 사도(思悼)의 시호를 내렸고, 1777년(정조 1) 그의 아들인 정조가 장헌(莊獻)으로 상시(上諡)하였으며, 1899년 다시 장조(莊祖)로 추존(追尊)되었다. 특히 정조가 불행하게 죽은 그의 아버지를 기린 여러 행적은 유명하다.

조선 500년 동안 왕실에서는 갖가지 사건들이 일어났다. 그중에서 영조와 사도세자 사이의 사건은 조선 왕실 최대의 비극이며 불가사의이다. 어떻게 아버지가 아들을 뒤주에 가두어 죽일 수 있었는지, 그것도 무더운 여름날 8일이나 굶겨서 죽일 수 있었는지 도무지 놀라울 뿐이다.

영조는 탕평정치를 통해 조선의 르네상스를 성취했다고 칭송되는 왕이다. 52년이라는 오랜 세월을 왕으로 있으면서 이룩한 업적도 헤아릴 수 없이 많다. 그렇게 훌륭한 왕이 어떻게 자신의 아들을 뒤주에 가두어 죽이게 되었을까?

또 사도세자는 어떤가? 그는 뛰어난 감수성과 재능이 있는 사람이었다고 한다. 태어나자마자 세자에 책봉되어 체계적으로 교육도 받았다. 그런 사도세자가 왜 아버지에게 죽임을 당하는 지경에까지 이르렀을까? 그 해답은 젖먹이 때의 애정 결핍에서 찾을 수 있다.

사도세자는 영조가 서른여덟 살 되던 해에 창덕궁의 집복헌에서 태어났다. 그해는 서기 1735년으로, 영조가 왕위에 오른 지 11년째 되던 해였다. 사도세자의 생모는 영빈 이씨로 궁궐 안에서 잡일을 하던 무수리 출신이었다. 영빈 이씨는 왕비가 아니었기에 창덕궁의 중궁전인 대조전에서 해산하지 못하고 집복헌에서 해산한 것이었다.

비록 후궁 소생이었지만 마흔이 다 된 나이에 사도세자를 본 영조는 너무나 기뻐했다. 7년 전에 큰아들 효장세자를 잃고 그동안 아들을 보지 못하던 영조였다. 늦게 본 외아들이라 영조가 사도세자에게 거는 기대는 이만저만이 아니었다. 사도세자는 태어나던 당일 원자에 책봉되었다.

뿐만 아니라 영조는 아들을 조기에 교육시키고자 하였다. 영조는 생후

100일밖에 되지 않은 사도세자를 생모의 품에서 떼어내 저승전(儲承殿)이라고 하는 동궁으로 옮겼다. 사도세자를 본격적으로 교육시키기 위한 특별 조치였다.

저승전은 창경궁의 정전인 명정전의 남쪽에 있었다. 영조가 머무는 창덕궁의 침전, 그리고 영빈 이씨가 머물던 집복헌에서 보면 꽤 먼 거리였다.

거리가 거리인지라 영조와 영빈 이씨는 생후 100일밖에 안 된 사도세자를 자주 찾지 못했다. 게다가 사도세자의 시중을 드는 궁녀들은 영빈 이씨가 무수리 출신이라 시샘하고 무시했다. 이런 저런 눈치로 영빈 이씨도 저승전을 찾는 발걸음이 뜸해질 수밖에 없었다.

사도세자가 네다섯 살이 되면서 영조와 영빈 이씨는 아예 저승전에 발길을 끊다시피 하고 말았다. 생후 100일 만에 부모 곁에서 떨어졌던 사도세자는 네다섯 살이 되어서는 이미 부모와 생이별한 상태나 마찬가지였다. 사도세자의 부인 혜경궁 홍씨는 영조와 사도세자의 관계가 잘못된 까닭을 바로 여기에서 찾고 있다.

이러한 자질로 사도세자께서 부모 곁을 떠나지 않으시고, 영조께서는 만기의 틈틈이 세자가 글 읽고 일 배우는 곁에서 몸으로 가르치셨다면, 또 세자의 생모 영빈께서는 이 아드님이 성취하시는 것이 당신께 으뜸가는 소원이시니 손 밖에 내지 않고 매사를 잘 가르쳐서 사이가 벌어지지 않았다면, 어찌 이같은 지경에 이르렀겠는가?

— 『한중록』

『동궁보묵(東宮寶墨)』_ 서울대학교 규장각 소장
사도세자가 여덟 살 때 쓴 '군신유의(君臣有義)'

젖먹이 때부터 부모의 따뜻한 사랑을 받지 못한 사도세자는 조금 나이가 들어서도 부모에게 정을 붙이지 못했다. 어쩌다 만나는 아버지 영조는 무섭기만 했다. 사도세자는 영조를 만날 때마다 쭈뼛쭈뼛하며 피하려고만 했다.

아들의 이런 모습은 영조를 실망시키고 분노하게 만들었다. 영조는 아들의 태도가 못마땅할 때마다 호되게 꾸중을 하곤 했다. 그럴수록 사도세자는 더더욱 주눅이 들었다. 사도세자가 성장해 가면서 부자관계는 점점 나빠지기만 했다.

사도세자는 아버지에 대한 두려움과 애정 결핍으로 열 살이 넘으면서 정신질환 증세를 나타내기 시작했다. 아버지의 꾸중을 연상시키는 천둥이 치기라도 하면 무서워 어쩔 줄을 몰랐다. 아무 이유 없이 경기를 일으키기도 했다.

열다섯 살이 넘으면서는 신비한 도술에 빠져들었다. 귀신을 부리겠다고 도술을 공부했는데 이것이 정신질환을 더 악화시켰다. 천둥, 우레와 같은 자연 현상에 극단적인 공포감을 나타내고 귀신을 연상시키는 글자만 보아도 벌벌 떨었다.

시간이 지나면서 상황은 점점 악화되었다. 사도세자는 아버지에게 호된 꾸중을 들은 후에 환관들을 때리면서 화풀이를 하는 버릇이 있었다. 이것이 발전해 스물세 살이 되면서부터는 사람들을 죽이게까지 되었다. 죽어나가는 사람들은 애꿎은 환관과 궁녀들이었다. 한번 시작한 살인은 계속되었다. 결국은 아버지까지 그 사실을 알게 되었다. 크게 놀란 영조는 당장 아들을 불렀다. 영조는 꾸중을 한 후 왜 살인을 하느냐고 물었다.

사도세자 : 마음에 화증이 나면 견디지 못해 사람을 죽이거나 아니면 닭 같은 짐승이라도 죽여야 마음이 풀어지기에 그랬습니다.
영조 : 어찌하여 그렇게 되었단 말이냐?
사도세자 : 마음이 상해 그렇게 되었습니다.
영조 : 어찌하여 상했단 말이냐?
사도세자 : 사랑하지 않으시니 서럽고, 꾸중하시니 무서워서 화가 되어 그렇게 되었습니다.
— 『한중록』

부자 사이에 이보다 더 비극적인 대화가 있을까? 사랑받지 못했기에 마음이 상해 사람들을 죽이게까지 되었다는 사도세자의 대답은 부모 된 사람들에게는 너무나 무섭게 다가오는 말이다.

자녀들의 마음을 해치는 최대의 적은 부모의 애정 결핍과 과잉 기대라고 할 수 있다. 대부분의 부모들은 자녀에게 과잉 기대를 갖고 있으며 그 기대에 차지 않으면 실망하고 꾸중한다. 그러면서도 자녀의 미래를 위해 어쩔수 없는 일이라고 생각한다. 영조도 그런 마음이었을 것이다. 그렇지만 그 결과는 어떤가? 아들을 쌀뒤주에 가두어 죽이는 비극이었다. 부자 사이에이렇게 처참한 일이 또 있을까?

젖먹이 자녀들의 몸과 마음을 무럭무럭 자라나게 하는 것은 부모의 한량없는 애정과 신뢰가 아닐까? 어린 자녀들이 몸과 마음으로 부모의 사랑과 신뢰를 믿을 때 꾸중도 교육이 되는 것이 아닐까? 사도세자의 사례는 바로 이런 점들을 보여주는 역사적 교훈이라고 하겠다.

순산을 위한 노력

산모와 아이에게 가장 좋은 출산은 역시 순산일 것이다. 순산을 위해 조선 왕실에서는 어떻게 했을까? 순산을 위해 특별히 행하는 비법은 없었을까?

임신한 지 여덟 달이나 아홉 달쯤 되면 사실 언제 출산할지 모른다. 한두 달 먼저 아이를 낳는 일도 흔하다. 예컨대 수양대군의 핵심 참모로 명성이 자자했던 한명회는 일곱 달 만에 태어나 칠삭둥이라고 불렸다.

왕비도 임신한 지 여덟 달이 넘으면 언제 해산할지 모른다. 이때부터는 절대로 부부생활을 하지 말아야 한다고 했다. 부부생활은 부인의 기혈을 허하게 하여 해산할 때 난산을 초래한다고 하였다. 아울러 여덟 달 앞뒤로는 왕비의 해산 징조에 온통 신경을 기울였다. 대표적인 해산 징조는 예나 지금이나 진통이다.

그런데 진통이 모두 해산의 징조는 아니라는 데 문제가 있다. 그냥 진통으로 끝나는 수도 적지 않다. 그러므로 왕비의 경우도 임신 여덟 달이 넘은 후에 진통이 오면, 이것이 해산 징조인지 아니면 단순한 진통인지를 따졌다.

왕비가 진통을 시작하면 왕은 산실청에 이 사실을 알렸다. 어의들은 모두 비상 숙직 상태로 들어가고 의녀는 왕비 옆에서 진통 상황을 확인했다. 의녀의 보고를 토대로 어의들은 해산 징조인지 아닌지 판단했다. 『동의보감』에 의하면 다음의 경우는 단순한 진통이라고 한다.

첫째, 임신 8개월이 지나 배가 아프기도 하고 낫기도 하는 것을 농통(弄痛)이라 하는데, 이는 해산 징조가 아니다. 둘째, 배는 아프지만 허리는 심하게 아프지 않다면 해산 징조가 아니다. 셋째, 태아가 위에 있으면서 아래로 처져 내려가지 않는다면 해산 징조가 아니다. 그밖에 항문이 바깥쪽으로 삐죽하게 내밀리지 않거나, 양수가 터지지 않고 또 피가 나오지 않거나, 양수가 터지고 피는 나오지만 배가 아프지 않은 경우는 해산 징조가 아니다.

이처럼 단순한 진통일 경우에는 의녀나 궁녀가 왕비를 부축하고 거닐면서 진통이 가라앉기를 기다렸다. 그러나 혹시 해산할 수도 있으므로 불수산(佛手散)에 익모초(益母草)를 더해 먹게 했다. 불수산은 부처님의 손이라고 하는 약 이름 그대로 임신부를 위한 대표적인 약이었다. 이에 비해 다음과 같은 증상은 해산 징조라고 한다.

첫째, 배가 아파오면서 허리와 등이 끊어지는 듯이 땅기면 해산 징조다. 둘째, 배와 배꼽이 모두 아프면서 허리가 끊어지는 듯이 땅기고 눈에서는 불이 나는 듯하면 해산 징조다. 셋째, 태아가 음문 가까이 처져 내려가고 허리는 무거우며 통증이 심하고 눈에서는 불이 나는 듯하며 항문이 밖으로 삐죽 밀려나오면 해산 징조다.

왕비에게 이런 증상이 나타나면 해산할 준비를 했다. 왕비는 한두 달 전에 마련한 산실로 들어가 해산할 자세를 갖추었다. 이때 왕비 옆에서 해산을 돕는 사람은 산실청에 소속된 의녀였다.

왕비가 해산하는 자세는 상황에 따라 달랐다. 보통의 경우라면 태아의 머리부터 나오지만 그밖의 여러 상황이 생길 수 있기 때문이었다. 『동의보감』에는 각각의 경우에 해산하는 자세와 방법을 13가지로 나누고 있다.

첫째는 정산(正産)이다. 예정된 해산달에 갑자기 배와 배꼽에 진통이 오고 태아가 아래로 처지며 양수가 터질 때 누워서 한 번만 힘을 줘도 해산하는 경우이다. 이것이 산모와 아이에게 가장 바람직한 순산이다.

둘째는 좌산(坐産)이다. 말 그대로 앉은 자세에서 하는 해산이다. 이것은 몸이 허약하거나 오랜 시간 진통을 하여 기운이 빠진 상태에서 하는 방법이다. 이런 때는 높은 곳에다 비단 수건을 걸고, 산부는 수건에 매달리다시피 한 자세에서 해산한다.

셋째는 와산(臥産)이다. 산모가 반듯하게 누워 해산하는 방법이다.

이밖의 해산 방법은 아이의 머리보다 팔이나 다리가 먼저 나오거나, 너무 춥거나 더울 때, 또는 너무 늦게 해산할 경우에 대한 처방들이다.

『동의보감』에는 순산을 위한 비법 네 가지를 소개하고 있다. 이런 비법들은 왕비가 해산할 때 그대로 이용되었다.

첫째, 해산하기 바로 전에 왕비가 평상시 입던 옷으로 굴뚝과 아궁이를 막는다. 단 이때 왕비가 알지 못하게 해야 한다. 이것은 굴뚝과 아궁이로 통하는 기운을 왕비에게로 옮겨 순산하게 하겠다는 주술적 방법이었다.

둘째, 왕비가 붉은색의 말가죽을 깔고 앉게 한다. 해산자리에는 이미 백마 가죽이 있는데, 그 위에 붉은색의 말가죽을 더 깔게 했던 것이다. 전통시대 말은 양기를 상징했다. 아마도 해산 때 산모에게 양기를 불어넣어 주겠다는 뜻이었을 것이다.

셋째, 해산 때 왕비가 날다람쥐 가죽과 털을 손에 쥐게 한다.

넷째, 해산 때 왕비가 해마(海馬)나 석연자(石燕子)를 손에 쥐게 한다. 해마는 말 모양으로 생긴 바다 생물로 흰색이다. 석연자는 밤톨 크기의 제비 모양으로 생겼는데 파란색이다. 해마와 석연은 모두 중국에서 들여온 것으로 각각 한 쌍을 붉은 실로 묶었다. 해마는 지구상의 생물 가운데서 새끼를 가장 쉽게 낳는다는 이유에서 사용되었을 것이다.

『동의보감』에서는 태반에 관해서도 조심해야 할 내용들을 싣고 있다. 무엇보다도 태반이 나오지 않는다고 산파가 함부로 손을 넣어 빼내려 하다가는 평생의 후유증을 남긴다고 했다. 그럴 때는 속히 탯줄을 잘라주라고 했다. 태반은 저절로 나오므로 안심하고 기다려도 된다고 하였다.

탯줄은 5~6치 정도 되는 곳을 실로 동여매고 그 끝을 부드러운 솜으로 싼 뒤에 끊고 실을 풀었다. 만약 탯줄을 자른 곳에서 피가 나면 솜으로 비비거나 약쑥으로 뜸을 떴다. 왕비는 해산 뒤 영양을 보충하고 건강을 회복하기 위해 미역국과 쌀밥을 수시로 먹었다.

아이가 태어나면 울기 전에 입 안의 오물을 닦아주었다. 아이는 양수를 비롯한 각종 오물을 입 안에 머금고 있기 때문이었다. 이것을 태독(胎毒)이라고 하는데, 부드러운 비단 천을 손가락에 감은 다음 황 연꽃과 감초를 넣고 달인 황연감초탕(黃蓮甘草湯)에 적셔 입안을 닦아냈다. 아이가 태독을 삼키면 여러 가지 병이 생긴다고 했다.

왕비가 무사히 해산을 한 뒤에는 산실 방문 위에 쑥으로 꼰 새끼줄을 걸거나 해산자리를 걷어서 걸었다. 이것은 민간의 금줄에 해당하는데 왕비의 순산을 알리는 역할을 했다.

왕비는 해산한 지 사흘째에 목욕을 했다. 이것을 세욕(洗浴)이라고 했는데, 묵은 쑥을 넣어서 끓인 물을 사용했다. 해산하면서 생긴 온갖 오염물들과 혹시 몸과 마음에 붙었을지도 모를 잡귀들을 씻어내기 위한 목욕이었다.

요즘의 시각으로 본다면 왕비의 순산을 위한 노력들은 합리적인 면과 주술적인 면이 함께 들어 있다. 산모와 태아를 위해 순산을 성심껏 바라는 근본정신을 배우고 그 방법을 더욱 발전시키는 것은 뒷사람들의 몫이라고 하겠다.

최 숙의가 영조를 해산할 때의 모습[숙종 20년(1694)]

- 9월 12일 오후 2시쯤에 최 숙의의 해산을 담당한 호산청(護産廳)에서 왕에게 보고하였다.

"조금 전에 의녀가 최 숙의의 몸 상태를 알려왔는데, 아침 전과 정오 때에 간간이 흰 이슬이 비쳤으며 두 차례는 조금 흘러나왔다고 하였습니다. 아울러 복부 좌우에 팽창하는 느낌이 있으면서 편하지가 않다고 하였습니다. 불수산은 해산달에 흔히 쓰는 약입니다. 불수산에 익모초(益母草) 2전(錢)을 더하여 2~3첩을 연이어 복용해야 합니다. 우선 한 첩을 먼저 달여서 들이고자 합니다."

왕이 지시하기를 "불수산 한 첩을 달여서 들이도록 하라. 아울러 해마와 석연자는 의녀로 하여금 들여오도록 하라." 하였다.

- 9월 12일 오후 6시쯤에 호산청에서 왕에게 보고하였다.

"의녀가 최 숙의의 몸 상태를 알려왔는데, 달여서 들여보낸 불수산을 무사히 복용하였다고 하였습니다. 아울러 흰 이슬은 더 이상 나오지 않고 복부가 불편한 증상도 더해지지 않는다고 하였습니다. 진통 여부는 아직 확실하지 않습니다. 불수산은 해산달에 늘 복용하는 약입니다. 한 첩만 쓰고 그쳐서는 안 됩니다. 밤 동안 상태를 보았다가 한 첩을 더 쓰고자 합니다."

- 9월 13일 새벽 4시쯤에 호산청에서 왕에게 보고하였다.

"조금 전에 의녀가 최 숙의의 몸 상태를 알려왔는데, 미역국을 먹은 후에 두 차례 구토를 하였고 현기증까지 있다고 하였습니다. 기운을 북돋고 구토 증세를 가라앉히기 위해서는 인삼차 5전(錢)을 즉시 달여서 복용해야 합니다."

– 잠시 후에 호산청에서 왕에게 보고하였다.

"의녀가 최 숙의의 몸 상태를 알려왔는데, 새벽 5시쯤에 남자 아기씨를 탄생
하였다고 하였습니다."

– 잠시 후에 황연감초탕과 밀주(密朱:꿀과 붉은 모래의 혼합물) 그리고 의녀
승례(承禮)를 산실로 들여보냈다.

– 9월 13일 아침 6시쯤에 호산청에서 왕에게 보고하였다.

"의녀가 최 숙의의 몸 상태를 알려왔는데, 태반이 무사히 나왔다고 하였습니
다. 이것은 매우 다행스러운 일입니다."

– 잠시 후에 호산청에서 왕에게 보고하였다.

"의녀가 최 숙의의 몸 상태를 알려왔는데, 분만한 후에 미역국을 한 차례 먹
고 또 미역국과 밥을 한차례 연이어서 먹었으며 몸 상태도 평안하다고 하였
습니다."

– 잠시 후에 호산청에서 왕에게 보고하였다.

"의녀가 최 숙의의 몸 상태를 알려왔는데, 지금 막 또 미역국과 밥을 한 차례
먹었고 몸 상태는 여전히 평안하다고 하였습니다."

– 잠시 후에 호산청에서 왕에게 보고하였다.

"의녀가 최 숙의의 몸 상태를 알려왔는데, 여전히 평안하며 밥과 미역국을 또
한 차례 먹었다고 하였습니다. 분만 후 총 네 차례 먹었다고 하였습니다."

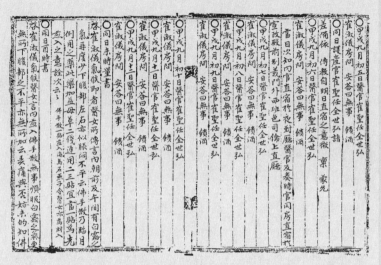

『호산청일기』_ 한국학중앙연구원 장서각 소장

– 9월 13일 오전 8시쯤에 호산청에서 왕에게 보고하였다.

"의녀가 최 숙의의 몸 상태를 알려왔는데, 지금 또 밥과 미역국을 한 차례 먹
고 몸 상태도 평안하다고 하였습니다. 새로 태어난 아기씨도 평안하다고 하
였습니다."

– 9월 13일 오전 10시쯤에 호산청에서 왕에게 보고하였다.

"의녀가 최 숙의의 몸 상태를 알려왔는데, 미역국과 밥을 모두 일곱 차례 먹
었다고 하였습니다. 다른 곳은 아픈 곳이 없고 다만 배꼽 아래에 땅기는 느낌
이 있다고 하였습니다. 이런 증상은 자궁에 아직도 피가 남아 있어서 발생합

니다. 궁귀탕(芎歸湯)에 복숭아씨와 홍화(紅花)를 각각 1전(錢)씩 넣어 달여 들여보내야 합니다."

– 9월 13일 정오에 호산청에서 왕에게 보고하였다.

"의녀가 최 숙의의 몸 상태를 알려왔는데, 미역국과 밥을 또 한 차례 먹었다고 하였습니다. 복숭아씨와 홍화를 첨가한 궁귀탕을 막 달여서 들여보냈습니다. 아기씨는 유즙(乳汁)을 조금 먹고 편안히 잠들었다고 하였습니다."

– 9월 13일 오후 2시쯤에 호산청에서 왕에게 보고하였다.

"조금 전에 의녀가 최 숙의의 몸 상태를 알려왔는데, 아기씨가 먹은 유즙을 토해냈고 속이 불편한 듯하다가 지금 겨우 진정하고 잠이 들었다고 하였습니다. 또한 아기씨는 태분(胎糞)을 조금 누었다고 하였습니다. 이런 일은 처음 태어난 아이들에게 흔히 일어나는 일입니다. 상태를 조금 더 지켜보다가 처방하도록 하겠습니다."

– 9월 13일 오후 4시쯤에 호산청에서 왕에게 보고하였다.

"의녀가 최 숙의의 몸 상태를 알려왔는데, 미역국과 밥을 연이어 두 번 먹었고 여전히 평안하다고 하였습니다. 아기씨는 유즙을 토한 후에 진정하고 때때로 유즙을 먹고 잘 잔다고 하였습니다."

『호산청일기(護産廳日記)』

종교적 신성함으로 바라본 생명 탄생

자녀들의 몸과 마음을 바람직한 방향으로 기르는 것이 사람의 힘만으로 가능할까? 임신 이전부터 몸과 마음으로 노력하고, 임신 이후에는 태교를 잘하며, 아이가 태어나면 잘 먹이고 잘 입히고 또 잘 교육시키면 뜻하는 대로 이루어질까?

물론 이런 부분들은 꼭 필요한 조건들이라 할 수 있다. 하지만 사람이란 근본적으로 유한한 존재이다. 이런 점에서 또 한없이 초라해지기도 하는 것이 사람이란 존재이다.

무엇보다도 사람의 몸은 유한하므로 사랑스런 자녀를 영원히 보살피고 싶어도 그렇게 할 수 없다. 언젠가 '나'라는 몸은 이 세상에서 사라지고 말 것이다.

비록 내 몸이 세상에 있을 때라도 아이들의 몸과 마음이 불의의 사고로 다칠 수도 있다. 인간적인 노력을 아무리 기울인다고 해도 어쩔 수 없는 한계가 있게 마련이다. 이럴 때 사람들은 절대자를 찾는다. 그것은 각자의 종교에 따라 산신령님이 될 수도 있고 예수님이 될 수도 있다. 부처님이나 옥황상제가 될 수도 있다.

조선 왕실에서도 자녀의 장래를 위해 절대자에게 기원했다. 조선 왕실에서 정성을 드린 절대자는 누구였을까? 기원하는 방법은 어떠했을까?

조선은 공식적으로 유교를 국시로 삼았다. 그렇지만 도교와 무속 그리고 불교도 광범위하게 신앙되었다. 특히 도교는 고려시대 이래로 불교와 더불어 궁중을 휩쓸던 종교였다.

조선이 건국된 후 도교와 불교는 유학자들의 집중 공격을 받아 위축되었다. 그러나 도교의 경우, 궁중 한의학이 도교의 양생술과 수양법을 대거 받아들이면서 궁중 문화에 지속적인 영향을 끼쳤다. 임진왜란 전에는 국가 행정기구 가운데 도교의 신을 섬기던 소격서(昭格署)라는 기구도 있었다.

왕과 왕비의 건강 관리를 맡았던 어의들은 도교의 양생술과 수양법에 해박한 지식이 있었다. 사실 『동의보감』에도 도교의 양생술과 수양법이 적지 않게 들어 있다. 그러므로 왕과 왕비의 식생활, 성생활, 건강 생활, 태교, 출산과 관련해 도교가 자주 등장했다. 예컨대 왕비의 출산 후 신생아의 장래를 기복하는 대상은 도교의 신령들이었다. 소격서가 있었던 조선 전기에 더욱 그러했다.

왕비가 낳은 신생아의 장래를 위한 기복 행위는 권초관(捲草官)이라는 관리가 주관했다. 권초관은 판서급 이상의 고위 관리 가운데서 뽑았는데,

태상노군(太上老君)의 모습, 『삼재도회』

다복한 사람을 골랐다. 아들을 여럿 두고, 부모 형제들도 모두 장수하며, 가정이 화목하고 무난하게 출세 길을 달리는 복 많은 사람이 권초관이 되었다.

조선 전기에 권초관은 왕비의 출산 당일 소격서에서 옥황상제, 태상노군 같은 도교 신들에게 신생아의 만복을 기원하며 제사를 올렸다. 그것도 하루가 아니라 사흘 동안이나 올렸다. 소격서는 경복궁 옆에 있었는데, 지금의 삼청동 자리다. 도교에서 신앙하는 3청(淸), 즉 옥청(玉淸), 상청(上淸), 태청(太淸)을 모신 삼청전(三淸殿)이 그곳에 있었다.

권초관은 옥황상제와 태상노군 앞에 온갖 제물을 차려놓고 사흘간 치성을 드렸다. 향을 피우고 절을 올렸는데 이를 초제(醮祭)라 했다. 제물 앞에는 신생아가 입을 옷가지를 놓고 치성을 드렸다. 신생아가 아들이면 오색 비단, 모자, 두루마기 옷감, 홀, 신발, 띠였으며 딸일 때는 비녀, 치마, 신발을 놓았다.

사흘 후 권초관은 한밤중에 왕비가 해산한 산실로 갔다. 산실 문 밖에 도착한 권초관은 가지고 간 옷가지들을 탁자에 올려놓고 분향재배했다. 후에 이 옷가지들은 신생아의 건강과 만복을 보호하기 위해 이용되었다.

소격서는 임진왜란 뒤 유학자들의 비판을 받아 없어졌으며 이로써 기복 행위에도 약간의 변화가 나타났다. 무엇보다도 도교의 신들 앞에서 행하던 초제가 없어졌다.

하지만 임란 뒤에도 권초관의 기복행위 자체는 여전히 있었다. 다만 기복의 대상이 옥황상제나 태상노군 같은 도교의 신에서 쌀, 은, 실, 비단 등으로 바뀌었다.

조선 후기의 기복행위는 다음과 같이 시행되었다. 왕비가 해산한 지 칠일째 아침에 권초관은 산실로 갔다. 산실 문 밖에는 큰 탁자를 마련하고 그 위에 쌀, 은, 실, 비단을 놓았다. 쌀은 10말씩 든 자루 10포였다. 쌀이 10가마였으니 무척 많은 양이라 할 수 있다. 은은 100량, 실은 10근, 비단은 10필이었다.

권초관은 이 상을 향해 두 번 절을 올렸다. 상 위의 쌀, 은, 실, 비단은 신생아의 부귀영화와 무병장수를 뜻했다. 신생아의 미래를 위해 기원하는 것이었다.

이렇게 조선 왕실에서 신생아의 미래를 절대자에게 기원하였던 것은 우리 조상들이 종교적 신성함으로 생명현상을 바라보았다는 의미이다. 세상에 갓 태어난 신생아의 몸과 마음이 잘 자라기를 기원하는 것은 새 생명에 대한 외경의 표현이라 할 수 있다. 과학과 기술의 눈으로만 생명현상을 이해하려는 오늘날의 우리들은 오히려 생명의 신성함과 소중함을 잊고 있는 것은 아닌지 되돌아보아야 하지 않을까?

옥황상제에게 아들의 앞날을 기원하는 조선시대 양반의 기도문

"때는 가정(嘉靖) 30년(명종 6, 1551) 신해 3월 기축 27일 을묘입니다. 조선국 경상도 성주 동리(東里)에서 귀양살이하는 신하이며 과거에 급제한 이문건(李文楗)의 아들 유학(幼學) 신(臣) 이온(李熅)과 처 김종금(金鍾金) 등은 황송스럽게 머리를 조아립니다.

신 등은 천지신명께서 주관하시는 생성(生成)의 은덕을 입어, 금년 정월 초닷새 계사일에 아들을 얻어 대를 이어가게 되었습니다. 삼가 오늘 밤 이 시각에 공손히 향불을 사르고 아울러 쌀과 비단도 올리며 경건하고도 정성스레 기도드립니다.

공손히 생각하건대, 옥황상제께서는 하늘과 땅의 좌우시종들을 통솔하십니다. 자미대제(紫微大帝), 북극존신(北極尊臣), 남두육사(南斗六司), 주천삼백육십(周天三百六十)의 성군(星君)들께서는 굽어 은혜를 내리시어 신의 아들로 하여금 일체의 재액과 질병을 모두 제거하고 무사히 장성하게 해주실 것을 간절히 기원합니다.

신 등은 엎드려 생각하건대, 만물의 생성을 주재하시는 옥황상제께서 크게 도와주시는 은덕을 베풀어주셨고 운명을 관장하시는 사명(司命)께서 아이를 허락하여 특별히 돌봐주는 은혜를 내려주셨습니다. 그러니 백 개의 몸을 가지고도 그 은혜를 갚기가 어려워, 한마음으로 기뻐 추앙합니다.

공손히 생각하건대, 옥황상제께서는 성관(星官)들에게 명령하시어 저희가 꺾이고 패망하는 것을 불쌍히 여기며 온전하게 보존하도록 해주셨습니다. 이에 아들을 주시어 천만 년의 경사스러움을 열어주셨으며 대를 잇도록 하여 만복의 근원이 되도록 하셨습니다. 이에 감히 예물을 신명께 올립니다.

신 등은 엎드려 바라건대, 이미 아들을 내려주셨으니 반드시 주관하시고 사랑하셔서 온갖 재앙을 쫓아 잘 자라도록 해주시며 무병장수와 부귀영화를 허락하여 튼튼하게 해주소서. 그러면 천지신명의 보위를 힘입어 영원무궁토록 가문을 보존하고 대대손손으로 자손들을 이어갈 수 있을 것입니다.

신 등은 떨리고 두려운 마음을 이기지 못하고 삼가 백 번 절하며 축문을 올려 기도드립니다."

『양아록(養兒錄)』

육아의 기본 방향

갓 태어난 아이에게 먹고 자는 일은 무척 중요하다. 잘 먹고 잘 자야 무럭무럭 자랄 수 있다. 그러나 부모 입장에서 무엇을 어떻게 먹이고, 또 얼마나 오래 재워야 하는지는 사실 고민스럽다.

초보 아버지나 어머니의 경우 아이가 큰소리로 울면 여간 신경 쓰이지 않는다. 배가 고픈 것인지 아픈 것이지 잘 판단할 수도 없다. 게다가 아이가 밤에 대여섯 번 정도 깨어나 울며 먹을 것을 찾게 되면 정신이 몽롱해지기도 한다. 아이가 한밤중에 칭얼대면 아이를 잠재우기 위해 무의식적으로 젖을 물리거나 우유병을 물리기도 한다.

재우는 것도 그렇다. 부모의 몸이 피곤하거나 아이가 귀찮게 할 때마다 먹여서 재우는 수가 있다. 또 아이를 위하는 마음에 방바닥을 뜨겁게 하기도 하는데, 사실 이것이 잘하는 것인지 아닌지 불안할 때가 많다.

그뿐이 아니다. 아이에게 젖은 얼마나 먹여야 좋은지도 불안하다. 하루에 잠은 얼마나 오래, 또 얼마나 자주 재워야 하는지도 초보 엄마들은 자신이 없다.

그렇다면 우리 조상들은 갓 태어난 아이를 어떻게 먹이고 재웠을까? 또 동양 의학에서는 이 문제에 대해 어떤 처방을 내리고 있으며 왕실에서는 어떻게 했을까? 이와 관련하여서는 명성황후 민씨가 순종을 낳았을 때의 사례가 있다.

명성황후는 고종 11년(1874) 2월 8일에 순종을 낳았다. 출산 3일째 원로대신들이 대궐에 들어와 고종에게 축하 인사를 했다. 이 자리에는 이유원, 박규수 같은 당대의 명사들이 모두 있었다. 당시 이유원은 축하 인사 끝에 다음과 같은 말을 했다.

> 생각하건대 지금의 급선무는 보양을 잘하고 젖을 적당하게 주는 것입니다. 원자가 젖을 먹고 잠을 잘 때, 추위와 더위를 잘 조절하면 기혈이 저절로 충실해질 것입니다. 만약 젖을 너무 많이 먹이거나 잠자는 곳이 너무 뜨거우면 적당한 것이 아닙니다.
> — 『춘추일기(春秋日記)』* 고종 11년(1874) 2월 10일조

여기에는 신생아를 어떻게 먹이고 어떻게 재워야 하는지에 대한 우리

---

* 내의원의 근무일지. 철종, 고종의 진맥, 치료 등에 관한 내용이 자세히 실려 있다.

조상들의 기본적인 생각이 잘 드러나 있다. 적당하게 먹이고 적당하게 재워야 한다는 것이다. 너무 지나쳐도 나쁘고 모자라도 좋지 않다는 뜻이다. 이른바 중용의 도라고 할 것이다.

그런데 중용의 도라고 하는 말에는 구체성이 부족하다. 언제, 어느 정도 또 어떻게 먹이는 것이 적당한지, 아울러 어떻게 얼마나 재워야 적당한지가 애매하다. 그와 관련된 구체적인 내용들이 『동의보감』에 실려 있다.

사람이 태어나 열여섯 살 이전까지는 혈기가 모두 왕성해 해가 막 떠오르고 달이 막 꽉 차가는 것과 같다. 그러나 아직 몸의 각 부분이 충실하지 못해 위장과 대장, 소장이 약하고 좁다. 그러므로 아이를 기르는 방법은 반드시 다음의 방법대로 신중해야 한다.

– 아이에게 처음 젖을 먹일 때는 고인 젖을 짜버리고 먹인다.

– 어머니가 잠을 자려고 하면 아이에게 물린 젖을 떼어야 한다. 어머니가 잠들면 아이가 젖을 너무 많이 먹어도 알지 못하기 때문이다.

– 아이의 울음이 완전히 그치기 전에는 젖을 물리지 않는다. 젖이 가슴에 막혀 토할 수 있기 때문이다.

– 젖을 먹인 다음에는 음식을 주지 말고, 음식을 먹인 다음에는 젖을 주지 말아야 한다. 젖과 음식을 함께 먹이면 소화가 잘 되지 않고 뱃속에서 젖과 음식이 뭉쳐 배앓이를 일으키기 때문이다. 그렇게 되면 체하거나 소화 불량이 생길 수 있다.

– 갓난아이들은 혈기가 모두 왕성해 먹은 것을 쉽게 소화하므로 때 없이 먹을 수 있다. 그러나 위장과 대장, 소장이 아직 약하고 좁으므로 열이 많고 소화

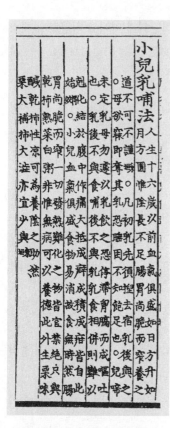

소아유포법(小兒乳哺法), 『동의보감』
신생아에게 젖을 먹이는 방법에 관한
내용이다.

하기 어려운 음식들은 금해야 한다. 다만 곶
감, 익힌 채소, 흰죽은 병도 생기지 않을 뿐
만 아니라 덕성을 기를 수도 있으므로 주어
도 좋다. 이밖에 날밤은 짠맛이 나고 곶감은
성질이 서늘하므로 아이의 발육에 좋다. 그
렇지만 밤이나 감은 약성이 강하므로 조금만
먹이는 것이 좋다.
- 생후 여섯 달이 되면 묽은 죽을 주는데 젖
과 섞어 먹이지 않는다.
—『동의보감』 잡병편 권 11, 소아(小兒)

왕비는 해산 후 삼칠일 동안, 즉 대
략 한 달간 직접 젖을 먹였다. 그 뒤에는
유모가 본격적으로 젖을 대신 주었는데,
대체로 두세 살쯤에 젖을 뗐다. 젖을 뗄
때는 젖꼭지에 시커멓게 먹을 바르거나
화미고(畵眉膏)라고 하는 붉은색 약을
아이의 눈썹 위에 발랐다. 젖을 먹으려
는 아이에게 무서운 생각이 들게 하여 젖을 떼게 하는 방법이라 할 수 있다.
이외에 아이를 잠재우는 방법도 구체적으로 소개되어 있다.

아이가 밤에 잠을 잘 때에는 어머니의 팔을 베고 자지 않게 해야 한다. 대신

콩 주머니 한두 개를 만들어 베도록 한다. 아이는 어머니의 왼쪽 또는 오른쪽 옆 가까이 눕히는데, 머리와 얼굴을 내놓고 이불을 덮어준다. 한쪽 방향으로만 눕혀 놓으면 놀라는 병이 생길 수 있으므로 자주 돌려 눕힌다. 태어나서 다섯 달까지는 이불에 싸서 눕혀둔다. 이때 머리를 세워 안고 밖으로 나다니지 말아야 한다.

— 『동의보감』 잡병편 권 11, 소아

요컨대 왕실의 신생아 양육 방법은 적당하게 먹이고 적당하게 재운다는 것이다. 아이를 위하는 마음에 너무 많이 먹이거나 너무 따뜻하게 재우면 좋지 않다는 뜻이다. 과잉보호도 무관심 못지않게 나쁜 결과를 가져올 수 있다는 의미라고 하겠다.

검소하게 마련하는 육아용품

아이가 새로 태어나면 적지 않은 육아용품이 필요하다. 기저귀, 배냇저고리, 이불, 목욕용품, 장난감을 비롯해 이것저것 필요한 것이 많다. 조선 왕실에서는 육아용품을 어떻게 마련했을까?

이와 관련하여 박규수의 이야기를 들어보자. 박규수는 연암 박지원의 후손으로 고종대의 대표적인 개화과 인물이었다.

명성 황후가 순종을 낳은 지 3일째 되던 1874년 2월 10일. 박규수는 고종을 알현하고 축하 인사를 드렸다. 이어서 박규수는 육아용품과 관련해 다음과 같은 이야기를 했다.

강보와 같은 물건도 비단을 써서는 안 됩니다. 오히려 이미 쓴 적이 있는 중

『춘추일기』_ 한국학중앙연구원 장서각 소장

고 무명을 쓰는 것이 훨씬 좋습니다. 이것은 단순히 검소함만을 취하자는 뜻이 아닙니다. 비단 강보를 사용하면 갓난아이가 너무 따뜻하게 되어 좋지 않기 때문입니다.

신은 이전에 다음과 같은 이야기를 들었습니다. 정조대왕은 순조께서 태어났을 때, 무병장수하던 사람의 옷을 가져다 강보를 만들라 명령하셨다 합니다. 이것은 지금까지도 아름다운 이야기로 전해지고 있습니다. 정조대왕은 검약함을 취하며 아울러 갓난아이를 잘 보호하고 기르기 위해 그런 명령을 내리셨습니다.

— 『춘추일기』 고종 11년(1874) 2월 10일조

박규수는 무명으로 만든 강보의 좋은 점을 두 가지 면에서 지적하였다. 첫째는 갓난아이가 검소한 성품을 기를 수 있다고 하였다. 둘째는 갓난아이의 몸을 건강하게 기를 수 있다고 하였다. 요컨대 어떤 육아용품을 쓰느냐에 따라 갓난아이의 몸과 마음의 상태가 달라진다는 의미이다.

왕실 태교의 전제는 태아가 어머니의 몸과 마음의 상태를 닮는다는 생각에 있었다. 당연히 신생아도 세상에서 처음 접하는 물건으로부터 영향을 받는다고 생각했다.

그러므로 조선 왕실에서는 신생아의 육아용품을 고르는 기준을 물건 자체에 두지 않았다. 오히려 중요한 점은 그 물건이 신생아의 몸과 마음에 어떤 영향을 주는가에 있었다. 그 구체적인 내용이 『동의보감』에 다음과 같이 소개되고 있다.

갓난아이의 피부는 무척 연약하다. 만약 두꺼운 옷으로 너무 덥게 하면 피부를 상하고 혈맥을 해치게 된다. 그로 말미암아 피부 부스럼이 생기고, 땀이 난 뒤 땀구멍이 잘 닫히지 않아 쉽게 풍사(風邪)가 들어간다.

날씨가 화창할 때 아이를 안고 밖에 나가 해와 바람을 쏘여주면 아이의 기혈이 든든해져 바람과 추위를 잘 견디며 병에 걸리지도 않는다.

그런데 요즘 사람들은 아이를 품에 안기만 하고 땅에서 걸리지를 않는다. 이렇게 되면 아이는 뼈와 근육이 약해져 쉽게 병에 든다. 이런 것은 아이를 진정으로 사랑하고 보호하는 방법이 아니다.

비록 추운 날씨라 해도 부모가 평상시 입던 헌옷으로 아이의 옷을 만들어 입히고 새 비단과 새 솜은 사용하지 말아야 한다. 그 이유는 무엇인가? 새 비단과 새 솜으로 옷을 만들어 입히면 아이의 몸이 지나치게 따뜻하게 되고 그것은 곧 연약한 아이의 뼈와 근육을 쉽게 병들게 하기 때문이다.

만약 칠십이나 팔십 된 노인이 입던 헌 바지나 저고리를 뜯어 아이의 옷을 만들어 입히면 그 노인의 진기(眞氣)가 전해져 아이도 오래 살 수 있다. 그러니 돈이 많거나 벼슬이 높은 집이라고 해도 절대로 새 모시나 비단을 사용해서는 안 된다. 그렇게 하면 아이는 병이 들 뿐만 아니라 복을 차버리게 된다.

— 『동의보감』 잡병편 권 11, 소아

신생아의 몸은 근본적으로 해와 바람의 기운, 곧 자연의 기운으로 튼튼해져야 한다는 의미라고 하겠다. 신생아의 몸을 생각한다고 비단으로 옷이나 이불을 만들어 주면 오히려 아이의 몸을 해친다는 것이다. 그러므로 옷이나 이불은 찬 기운을 막을 수 있을 정도가 좋고, 그것도 이미 사용한 적이 있는 중고 옷감을 이용하는 것이 좋다는 것이다.

그렇지만 좀더 중요한 점은 이렇게 함으로써 신생아의 마음을 바르게 기를 수 있다는 점이다. 좋은 것, 새 것, 고급스런 것만 찾게 되면 아이의 마음이 잘못되어 복이 달아날 수 있다는 의미라고 하겠다.

육아용품은 신생아가 세상에서 대하는 최초의 물건들이다. 세 살 버릇 여든 간다는 속담처럼 사람은 어려서 익숙하게 된 것을 자라서도 계속 찾는다. 뿐만 아니라 나이가 들고 세상을 알수록 점점 더 좋은 것을 찾는다.

갓 태어난 아이가 가장 먼저 대하는 물건들이 고급스럽고 사치스럽다면, 그것은 아이의 건강을 위해서도 별로 바람직하지 않을 뿐만 아니라 훗날 사치와 방탕한 습관을 키울 수도 있다. 사치와 방탕은 예나 지금이나 사람의 복을 앗아가는 무서운 버릇이다.

신생아 용품은 건강 차원에서만 생각할 것이 아니다. 아이의 마음까지도 좌우할 수 있는 결정적인 물적 환경이라는 측면을 명심해야 한다. 조선시대 최고의 부와 권력을 자랑하던 왕실에서도 신생아 용품은 바람직한 물적 환경을 조성한다는 뜻에서 검소하게 마련했다는 점을 음미할 필요가 있다.

유아 주변 사람들의 따뜻하고 현명한 성정

사람들은 경험적으로 주변사람과 서로 닮는다는 사실을 안다. 그래서 오래도록 같이 산 부부는 버릇도 비슷해지고 말투는 물론 얼굴까지 닮기도 한다. 어린아이들은 더하다. 특히 세상에 갓 태어난 유아가 주변사람들을 닮을 가능성은 더 높다. 유아 주변에 마음이 따뜻하고 현명한 사람들을 두고자 했던 조선 왕실의 육아는 이런 사고방식의 결과였다.

왕비가 해산한 이후 실제 유아 양육은 다른 사람들이 맡아서 했다. 젖을 먹이는 유모, 보모상궁과 각종 잡일을 하는 궁녀, 그외 환관 등이 그들이었다. 이들 중에서도 가장 중시된 사람은 유모였다. 왕비는 한 달 정도만 젖을 주고 그 이후는 유모가 젖을 먹였기 때문이다. 왕실의 아이들은 생후 한 달부터 젖을 떼기까지 2~3년간 유모의 젖을 먹고 자라게 된다. 당연히 조선시대 사람들은 유모가 아이의 몸과 마음에 절대적인 영향을 끼친다고 생각했다.

이와 관련하여 고종대의 유명한 개화파 관료 박규수의 언급이 있다. 박규수는 명성황후가 순종을 낳았을 때 유모의 중요성을 다음과 같이 말하였다.

> 갓난아이를 젖먹이고 보호할 사람들도 또한 신중하게 골라야 합니다. 외간에서도 갓난아이의 성품과 기질이 유모를 많이 닮는다는 이야기들이 있습니다.
> ―『춘추일기』 고종 11년(1874) 2월 10일조

그러면 좋은 유모의 기준은 무엇이었을까? 유모는 어떤 방식으로 젖을 먹였을까? 『동의보감』에는 다음과 같은 내용들이 소개되어 있다.

> 유모는 정신이 맑고 성품이 따뜻해야 한다.
> 유모는 적당히 살이 찌고 병이 없어야 한다.
> 유모는 차고 더운 것의 적당함을 알고 젖 먹이는 것과 음식 먹이는 것을 조절할 줄 알아야 한다.
> 유모의 젖이 진하고 흰색이면 아이에게 먹일 수 있다.
> 유모는 몹시 시거나 짠 음식은 피해야 한다.
> 유모는 몹시 춥거나 몹시 더운 날씨에 밖에서 막 들어오자마자 아이에게 젖을 주면 안 된다. 만약 이렇게 하면 유모나 아이에게 병이 생길 수 있다.
> 유모는 성관계 이후에 젖을 먹이면 안 된다.

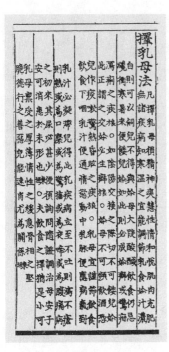

택유모법(擇乳母法), 『동의보감』
유모를 선택하는 방법에 관한 내용이다.

유모는 자주 술을 마시면 안 된다. 유모가 술을 마시고 젖을 먹이면 아이는 기침, 경기, 발열 같은 병이 생길 수 있다.

유모는 마땅히 음식을 가려먹어야 한다.

유모의 성품과 생김새를 아이가 곧바로 닮게 되니 그 관계됨이 무척 크다.

— 『동의보감』 잡병편 권 11, 소아

좋은 유모가 되려면 신체적 요건과 심성적 요건을 모두 갖추어야 했다. 이 가운데서도 심성적 요건이 더 중요했다. 적당히 살이 찌고 병이 없어야 한다는 신체적 요건을 뺀 나머지는 모두 심성적 요건이라 할 수 있다.

음식을 가려먹고 술을 절제하며 상황에 따라 젖을 먹이려면 마음 바탕이 따듯해야 가능하다. 뿐만 아니라 아이에 대한 사랑과 생명에 대한 경외가 있어야 성심으로 할 수 있다. 마음이 삐뚤어지거나 아이를 귀찮게 생각하는 유모라면 적당하게 둘러대거나 속일 수도 있다.

유모가 이처럼 중요했으므로 왕실에서 유모를 고를 때에는 최고 어른인 대비가 직접 나섰다. 대비는 좋은 유모에 알맞은 여성들을 널리 수소문해 합당한 여성을 골랐다. 심성적 요건을 중요시하다 보니 아는 사람을 통해 구하는 경우가 많았다.

보모상궁과 궁녀 그리고 환관도 왕실 육아에서 빼놓을 수 없는 사람들이었다. 보모상궁은 아이를 재우고 놀리는 일, 씻기는 일, 책을 읽어주는 일 등을 책임졌다. 이에 비해 궁녀는 기저귀를 갈거나 이불을 빨고 갈아주는 일, 또는 방을 청소하는 일 등을 맡았다. 아이가 조금 자라면 같이 놀아주기도 했다.

환관도 보모상궁이나 궁녀만큼은 아니지만 유아 옆에서 많은 시간을 보냈다. 유아를 안고 밖으로 나가거나 또는 유아가 있는 방으로 사람들을 인도해 오는 일은 환관이 맡았기 때문이다.

왕실에서는 옛 성현들의 이야기들을 한글로 옮겨 보모상궁이나 궁녀 또는 환관으로 하여금 유아 옆에서 외우거나 읽게 했다. 유아에게 처음 말과 글을 가르치는 사람들도 이들이었다. 그러므로 왕실의 양육을 담당했던 보모상궁, 궁녀, 환관은 따뜻한 마음씨와 함께 수준 높은 교양을 갖추어야 했다.

이는 왕실에서 검소한 육아용품을 선호했던 사실과 비교된다. 사람에 한해서만은 최고의 마음씨와 최고의 교양을 요구했던 것이다. 물론 그 이유는 유아가 주변 사람들의 성품과 기질을 그대로 닮는다는 믿음 때문이었다.

이것은 오늘날 우리들에게 무슨 교훈을 줄까? 유아기 자녀 교육은 육아용품이 아니라 주변 사람들이 중요하다는 점이다. 요즘에는 유모를 두는 일이 거의 없으므로 갓난아이의 주변 사람은 결국 부모이다. 그러므로 유아기 자녀를 위한 최고의 교육은 부모의 마음이 따뜻해지고 현명해지는 것이라 할 수 있다.

원자 교육은
품성 교육에서 시작한다

원자 교육의 모범 사례_인종

인종 仁宗 (1515~1545) 조선 제12대 왕(재위 1544~1545). 중종의 맏아들이다. 어머니는 장경왕후(章敬王后) 윤씨(尹氏), 비(妃)는 박용(朴墉)의 딸 인성왕후(仁成王后)이다. 1520년(중종 15) 세자에 책봉되고 1544년 즉위하였다. 이듬해 기묘사화(己卯士禍)로 폐지되었던 현량과(賢良科)를 부활하고 기묘사화 때의 희생자 조광조(趙光祖) 등을 신원(伸寃)해 주는 등 어진 정치를 행하려 하였으나, 병약하여 포부를 펴지 못한 채 30세에 죽었다. 능은 고양(高陽)의 효릉(孝陵)이다.

조선시대 원자 가운데 최고의 공부 재능을 보인 사람은 누구일까? 얼른 떠오르는 인물은 아마도 세종대왕일 듯하다. 5천 년 한국사에서 최고의 인물은 세종대왕이라 해도 손색이 없기 때문이다. 하지만 세종대왕은 비록 어린 시절 책과 공부를 좋아했지만 원자는 아니었다. 세종대왕 위로는 큰형인 양녕대군과 둘째 형 효령대군이 있었으므로 원자가 될 수 없었다.

그러면 어느 원자가 최고의 공부 재능을 보여주었을까? 서너 살 때의 공부 재능만 고려한다면 단연 인종과 정조를 들 수 있다. 두 사람 모두 신동이라 할 만한데, 이 가운데서도 인종은 조선 전기 원자 교육의 모범 사례로 꼽힐 만한 재능 만점의 원자였다.

이런 인종이지만 그의 유아기는 애처로웠다. 인종의 생모인 장경왕후 윤씨는 출산 직후 위독한 상황에 빠졌다. 이에 중종은 초칠일도 되기 전에 왕비와 갓난아이 인종을 대궐 밖으로 옮겨 요양하게 했다. 이런 노력도 헛되이 8일 만에 인종의 생모는 세상을 뜨고 말았다.

게다가 생모를 잃은 인종은 오래도록 아버지와도 떨어진 채 유모와 보모 그리고 환관들의 손에서 자라야 했다. 혹시 대궐로 들였다가 잘못될까 걱정한 중종은 인종이 세 살 될 때까지 궐 밖에 머물게 했던 것이다. 당시 조광조를 비롯한 유학자들은 빨리 원자를 대궐로 들여와 교육시켜야 한다고 주장했지만 중종은 받아들이지 않았다. 인종이 세 살 되던 해에 중종은 윤지임의 딸을 새로운 왕비로 맞이했다. 이 분이 훗날의 문정왕후로서 인종에게는 계모가 되었다.

인종은 비록 대궐 밖에서 유아기를 보냈지만 두 살 때에 이미 『천자문』을 뗄 정도로 뛰어난 재능을 보였다. 물론 어린 인종의 교육은 중종이 엄격하게 선발한 환관과 궁녀들을 통해서 이루어졌다. 인종은 두세 살 되었을 때 이미 말과 행동이 마치 어른처럼 의젓하고 중후해 주변 사람들을 놀라게 하곤 했다. 인종은 세 살이 되어서야 대궐로 들어와 아버지를 만날 수 있었다. 어린 아들이 공부에 천재성을 보인다는 이야기를 듣던 중종은 직접 확인해 보고 싶었다. 중종은 아들에게 『천자문』, 『유합(類合)』* 등을 읽게 했다. 인종은 한 글자도 틀리지 않고 줄줄이 읽어나갔다. 아들의 천재성을 알아본 중종은 훈계문을 써주었다.

> 네가 세 살이 되어 대궐로 들어와 나를 만났는데, 행동이 비범하고 뛰어났다.
> 내가 너의 자질을 보건대 천성이 순수하고 총명해 말을 들으면 반드시 외니,
> 어찌 기특하지 않겠느냐?
> 내가 듣건대 네가 이미 『천자문』을 끝내고, 『유합』을 절반이나 배웠다니, 이
> 어찌 보통 아이의 일이겠느냐? 네가 좋아하는 것을 보니 희롱을 좋아하지 않
> 고 글을 좋아하며, 글자를 지적하여 물으면 분명하게 해설하므로 내가 무척
> 아름답게 여긴다. (중략)
> 일찍 일어나고 밤들거든 자며, 학문에 힘쓰기를 게을리 말라.
> 스승을 존경하고 도를 즐기며 선을 좋아하고 인(仁)을 힘쓰라.
> 음란한 소리와 여색을 가까이 하지 말고 재산을 불리려 하지 말라.
> 예가 아닌 것은 보지 말고, 예가 아닌 것은 듣지도 말며, 예가 아닌 것은 말하
> 지 말고, 예가 아닌 것은 행하지 말라.

---

* 성종 대의 서거정이 지었다고 전해지는 책으로, 『천자문』, 『훈몽자회』와 더불어 조선시대의 대표적인
  아동 한자 입문서였다.

소인의 무리와 친하지 말고, 난잡한 놀이를 좋아하지 말라.

뜻을 높고 멀리 세우되 금석같이 굳게 하라.

임금에게 충성하고 어버이에게 효도하며 형제간에 우애하라.

날마다 문안하고 수시로 음식을 보살피라.

사악한 것은 바로 버리고 이단을 숭상하지 말라.

사사로운 욕심에 얽매이지 말고 착하고 공정한 마음을 보존하라.

환관들과 여인들의 감언이설에 현혹되지 말고 처음과 끝을 조심하도록 하라.

— 『중종실록』 권 27, 12년 4월 무오조

아들의 재능에 고무된 중종은 홍문관에 분부하여 원자를 어떻게 교육시킬지 연구하여 보고하도록 했다. 당시 홍문관에는 조광조 같은 실력자들이 즐비하게 있었다. 조광조는 원자 교육에 관한 역사, 이론을 널리 조사해 중종에게 보고했는데, 이것이 조선시대 원자 교육의 기본 모델이 되었다. 예컨대 원자가 두세 살 되면 보양관을 뽑아 교육을 시작한다든지, 원자 교육은 대궐 안에서 한다든지 하는 것이 이때 보고된 내용이다.

세 살부터 보양관들에게 본격적인 교육을 받은 인종의 실력은 나날이 늘어갔다. 다섯 살 때의 인종을 『조선왕조실록』에서는 다음과 같이 전하고 있다.

임금이 승정원에 전교하였다.

"원자가 글 읽는 것을 보고 싶으니 보양관 남곤과 조광조를 부르라."

임금이 평상시 옷차림으로 경복궁의 사정전으로 나갔다. 원자가 평상시 옷을 입고 먼저 동쪽 벽 아래 책상 앞에 단정히 앉았는데 의젓한 모습이 마치 어른

인종어필_인천광역시립박물관 소장
인종이 세자로 있을 때 쓴 글씨이다.

같았다. 임금이 원자에게 일렀다.

"앞에 있는 책을 읽어보아라."

책은 곧 『소학』이었다. 원자가 줄줄 읽어가는
데, 해석이 분명하고 발음이 웅장하면서도 맑
아 글 뜻을 모두 아는 듯하였다. 임금이 의자
에 기대어 앉아보기도 하다 웃기도 하다 하면
서 기쁜 마음을 억제하지 못하는 듯하였다.

— 『중종실록』 권 36, 14년 8월 신미조

이렇게 훌륭한 재능을 보인 인종은
유감스럽게도 왕위에 오른 지 겨우 8개
월 만에 세상을 떠나고 말았다. 당시 인
종의 나이 서른한 살이었다. 어려서부터 재능이 뛰어나 '소년 요순(堯舜)'
이라는 최고의 칭송과 기대를 한몸에 받던 인종이었다. 신동이라 불릴 정도
의 천재성을 보이던 인종이 그렇게 요절한 이유는 무엇일까? 당시 우리나
라에 사신으로 왔던 명나라 사신은 이런 말을 했다고 전해진다.

당신네 나라의 임금님은 성인이십니다. 그러나 당신네 나라는 조그만 나라라
성인과 서로 맞지 않습니다. 당신네의 임금님은 분명히 오랫동안 당신네의 임
금이 되지는 못할 것입니다. 당신들은 실로 복도 없습니다.

— 『연려실기술』 인종조 고사본말

조선이 인종의 재능을 감당하기에 너무 작다는 뜻이었을까? 당시 조선의 실권은 대비 문정왕후가 쥐고 있었다. 문정왕후를 두고 한 말인지, 아니면 조선의 땅덩어리를 두고 한 말인지 애매한 면이 있기는 하다.

　　이런 사실들은 인간의 운명과 교육에 회의감을 불러일으키기도 한다. 그렇지만 중종이 어린 인종을 위해 보양관을 선발, 교육했던 사례는 역사의 모범으로 전해졌다. 아울러 신동으로서의 인종은 조선시대 사람들에게 두고두고 아름다운 왕으로 기억되었다.

태평성대의 지도자를 목표로 하는 원자 교육

조선 왕실에서는 유아기의 아이를 유모, 보모상궁, 궁녀, 환관들이 양육하였다. 이들은 따뜻한 마음과 수준 높은 교양을 갖고 있었지만 교육 전문가는 아니었다. 이들의 주요 임무는 어디까지나 육아였다. 왕실 교육은 전문가들이 맡아야 했다. 특히 장차 왕이 될 원자는 더더욱 그래야 했다. 조광조는 원자를 위한 제왕 교육의 중요성을 다음과 같이 강조하였다.

신이 살펴보건대 옛사람들이 어린아이를 교육하는 방법은 바르지 않은 것이 없습니다. 그중에서도 옛사람들은 나라의 세자를 교육하는 데 더더욱 신중을 기하였습니다. 그 까닭은 세자가 위로 왕업을 이어받고 아래로 천하의 운명을 좌우하기 때문입니다. 국가의 흥폐와 존망이 세자에게 달려 있으니 신중하지 않을 수 있겠습니까? 더구나 세자는 지위와 권세가 한없이 높아 방종하기 쉬우니 미리미리 바르게 교육하는 방법을 더욱 시급하게 서둘러야 합니다.

— 『중종실록』권 27, 12년 1월 을미조

조선시대 원자를 위한 교육제도는 건국 직후부터 정비되기 시작했다. 그것은 조선 사회의 유교 개혁과 직접적인 관련이 있었다. 조선은 고려를 뒤이어 선 나라다. 조선을 세운 주역들인 신진사대부들은 유교의 가르침에 따라 나라와 사회를 바로잡고자 했다. 원자 교육은 신진사대부들이 추구한 유교 개혁의 핵심 과제 가운데 하나였다.

원자 교육이 당시 국가 개혁의 중요 문제로 떠오른 이유는 고려 말 이래로 국자감이나 향교 같은 공교육 제도가 붕괴하였기 때문이다. 이 결과 왕실과 양반 귀족의 자제들은 대부분 불교 고승들로부터 교육을 받았다. 학교는 사찰이었으며 선생님은 승려였던 셈이다.

태종 이방원도 왕이 된 이후 여덟 살 된 원자 교육을 불교 고승에게 맡기려고 했다. 그러자 승지 박석명을 비롯한 승정원의 관리들이 다음과 같이 반대 의견을 내놓았다.

고려 말에 학교 제도가 무너져 사대부의 자제들이 거의 사찰의 승려들에게 배웠습니다. 이는 예전의 제도가 아닙니다. 승려들은 단지 문장을 읽고 해석하는 지엽말단만 알 뿐이니 학문에 도움이 되지 않습니다. 마땅히 성균관에 들여보내 날마다 성균관의 선생님, 학생들과 더불어 공부하며 갈고 닦아 덕성을 함양하게 해야 합니다.

　　박석명의 의견은 당시 교육 풍토에서는 급진 개혁이며 공교육 재확립
에 속하였다. 승려들이 맡았던 교육을 유학자들이 넘겨받겠다는 것은 교육
철학, 교육 주체, 교육 방법, 교육 내용 등 교육과 관련된 거의 전 분야에서
의 변화를 뜻했다. 아울러 와해된 국가 교육제도를 유학에 입각해 바로잡겠
다는 의지가 담겨 있었다.

　　태종은 박석명의 의견을 받아들여 원자 교육에 관한 구체적인 방법을
연구해 보고하게 했다. 유학자들은 유교 경전을 참조해 원자 교육의 이론적
근거와 방법들을 찾고자 했다. 승려들의 교육보다 훌륭해야 했으며, 그것도
유교적 개혁 목표에 잘 어울려야 한다는 의무감이 있었을 것이다. 승려들의
교육보다 못하다면 그것은 개혁이 아니라 개악이 될 것이기 때문이었다.

　　당시 유학자들이 원자 교육의 이론적 근거와 방법으로 내놓은 주 자료
는 『대대례』의 보부편(保傳篇)이었다. 불교 승려들이 맡았던 교육을 넘겨
받기 위해 유학자들이 연구 검토한 끝에 내놓은 이 내용은 조선 500년 동안
원자 교육의 핵심이 되었다. 『대대례』의 보부편은 무왕의 아들인 성왕의 교
육에 관한 내용을 싣고 있다. 그것도 성왕이 태어난 이후부터 어른이 되기
이전까지의 유아 교육, 아동 교육이 주요 내용이다.

　　무왕은 은나라를 멸망시키고 주나라를 세운 건국시조였다. 무왕 당대
는 혁명 직후라 전쟁이 끊이지 않았다. 무왕은 아들을 태평성대의 지도자로
교육시키고자 하였다. 무왕은 주공, 강 태공, 소공 등 당대의 현자들에게 성
왕의 교육을 맡겼다. 이같은 교육에 힘입어 성왕은 위대한 지도자로 육성되

었다. 이 결과 주나라는 중국 역사상 최고의 이상 국가가 될 수 있었다.

조선을 세운 유학자들은 유교 개혁을 통해 주나라처럼 이상적인 국가를 만들고자 했다. 그 개혁이 성공하려면 성왕과 같은 위대한 지도자를 길러내야 했다. 성왕이 주공, 강 태공, 소공 등에게서 받았던 교육이 조선시대 원자 교육의 기본 모델이 된 이유가 여기에 있었다.

주나라 성왕이 어릴 때 받은 교육

"옛날에 주나라의 성왕이 어려서 강보에 싸여 있을 때, 소공(召公)은 태보(太保)가 되었고 주공은 태부(太傅)가 되었으며 태공(太公)은 태사(太師)가 되었다. 보(保)는 태자의 신체를 보전하고 부(傅)는 태자에게 덕의(德義)를 펴며 사(師)는 태자를 교훈으로 이끌었다. 이것이 삼공의 직책이었다.

이와 함께 태자를 위하여 삼소(三少)를 두었으니 모두 상대부(上大夫)로서

주성왕(周成王), 『삼재도회』

소보(少保), 소부(少傅), 소사(少師)라고 하였다. 이들은 더불어 태자를 보좌하여 편안하게 도와주는 사람들이었다.

그러므로 삼공과 삼소는 태자가 어릴 때에 근본적으로 효(孝), 인(仁), 예(禮), 의(義)를 밝히고 도로써 태자를 인도하여 익히도록 하였다. 아울러 사악한 사람은 쫓아버리고 악한 행동은 보지 못하도록 하였다.

그리고 천하의 단정한 선비로서 효성스럽고 우애가 있으며 널리 보고 들어 교육 방법을 아는 사람을 골라 태자를 보좌하도록 하였다. 아울러 그로 하여금 태자와 함께 생활하면서 드나들게 하였다.

그러므로 태자는 눈으로는 바른 일을 보고 귀로는 바른 말을 들어 바른 행동을 하였다. 이렇게 태자의 전후좌우에 있는 사람들은 모두 올바른 사람들이었다.

무릇 평상시 올바른 사람과 함께 생활하면 자연히 올바르게 될 수밖에 없다. 그것은 마치 초나라에서 자란 사람은 어쩔 수 없이 초나라 말을 할 수밖에 없는 것과 같다. 그러므로 태자가 맛있어하는 것이 있으면 반드시 먼저 공부를 한 후에 맛보게 하였으며, 즐거워하는 일이 있으면 반드시 먼저 학습한 후에 하도록 하였다."

『대대례』 보부편

바른 말과 바른 행동, 바른 감정 버릇들이기

조선시대 원자 교육의 기본 방향은 태종 대에 논의되기 시작해 중종 대에 확립되었다. 중종 대에는 조광조로 대표되는 소장 유학자들의 노력으로 원자 교육을 비롯한 유교 의례가 대거 실현되었다.

조광조는 태종 대의 유학자들과 마찬가지로 나라와 사회를 개혁하기 위해서는 원자 교육이 빠질 수 없다고 생각했다. 조광조에게도 원자 교육의 기본 모델은 물론 주나라의 성왕 교육이었다. 홍문관에 포진하고 있던 조광조와 이자 등은 그때 세 살이던 원자 교육 문제로 다음과 같은 상소문을 올렸다.

홍문관 부제학 한효순 등이 원자를 가르치고 기르는 방법에 관한 글을 올렸

다. (중략)

『대대례』 보부편에 이르기를, "옛적에 천자의 큰아들이 태어나면 낳은 지 3일 만에 선비를 시켜 업게 하고 담당 관리가 예복 차림으로 남쪽 교외에서 큰아들을 하늘에 인사시켰다. 이는 효도하는 도리이다. 그러므로 천자의 큰아들은 태어나자마자 교육을 시작하였다. 이로써 천자의 큰아들은 태어나자마자 바른 일만 보고 바른 말만 듣고 바른 도리만 행하게 되며, 전후좌우가 모두 바른 사람이었다."고 하였습니다.

정자(程子)는 또 말하기를, "사람이 자식을 낳아 말을 시작하게 되면 가르치는 데, 대학의 법에도 미리 가르치는 것을 앞세웠다. 사람이 어렸을 때에는 지혜와 생각이 일정한 주장이 없다. 바로 그때 좋은 말을 날마다 아이의 앞에 늘 어놓아야 한다. 비록 알아듣지 못하더라도 마땅히 훈도하여 귀에 익고 속에 차도록 해야 한다. 이렇게 오래 하면 스스로 차분히 익혀 마치 본래부터 그런 것같이 되어 아무리 딴말로 눈속임하여도 빠지지 않는다.

만일 미리 그렇게 하지 않고 점점 자라게 되면 안으로는 사사로운 뜻에 치우치게 되고 밖으로는 여러 사람의 말에 속아 넘어간다. 그때는 바르게 고치고 싶어도 되지 않는다."고 하였습니다. (중략)

지금 원자는 비록 어리기는 하지만, 옛사람들이 일찍 가르친 법에 견주면 이미 늦었으니, 삼가 바라건대 임금님께서는 유의하소서.

— 『중종실록』 권 27, 12년 1월 을미조

조광조 등은 주나라의 경우 원자는 생후 3일부터 교육을 시작했다는 사실을 들어 당시 세 살인 원자는 교육 시기가 늦었다고 강조했다. 다만 늦었더라도 정자의 말처럼 원자가 말을 시작할 무렵에는 반드시 교육을 시작해야 된다고 주장했다.

조광조 등이 말을 시작할 무렵에 교육을 시작해야 한다고 주장한 근거는 무엇이었을까? 이와 관련해 『동의보감』에는 다음과 같은 언급이 있다.

> 대개 아이가 태어난 지 32일이 지나면 한번 변하게 된다. 한번 변할 때마다 성정(性情)이 전에 비해 달라진다. 왜 그런가? 한번 변할 때마다 오장과 육부 그리고 생각과 지식이 자라나기 때문이다. (중략) 아이가 태어난 지 320일이 지나면 비로소 치아가 나고 말을 할 수 있으며 기쁨과 노여움을 알게 된다.
> ― 『동의보감』 잡병편 권 11, 소아

아이는 생후 11개월쯤 되면 치아가 나고 말을 시작한다는 것이다. 뿐만 아니라 기쁨과 노여움 같은 감정도 알게 된다는 것이다. 생후 11개월이면 우리 나이로 보통 두 살이다. 개인 차이 또는 태어난 달 등을 고려한다면 아이가 말을 시작하는 나이는 두세 살이라 할 수 있다. 말을 시작할 때 교육을 해야 한다면 두세 살 때부터 교육을 해야 한다는 뜻이 된다.

우리의 속담 중에 세 살 버릇 여든까지 간다는 말이 있다. 하필 세 살 버릇이 여든까지 가는 이유는 무엇일까? 그것은 태어난 뒤 처음으로 말을 시작하고 또 걷기 시작하는 때가 보통 두세 살이기 때문이다. 이때 기쁨과 노여움 같은 감정도 알게 된다. 곧 두세 살 때에 비로소 말을 시작하고 자신의 의지대로 행동거지를 시작하며 좋고 싫다는 감정도 알게 된다. 그러므로 사람의 말버릇과 행동버릇, 그리고 감정을 표현하는 버릇이 만들어지는 최초의 시점은 바로 두세 살인 것이다.

말버릇과 행동버릇, 감정이 만들어지는 두세 살 때에 말과 행동, 감정을 바르게 가르친다면 이것은 천성처럼 몸에 배일 것이다. 이렇게 밴 버릇은 여든까지, 즉 평생 간다는 것이다. 조선시대 원자의 교육을 늦어도 두세 살에 시작해야 한다는 믿음은 여기에서 나왔다.

이런 생각은 조선시대의 대표적인 아동 교육서인 『소학』에도 그대로 나타난다. 『소학』은 조선시대 왕실의 자손들을 비롯해 양반 가문의 아이들이 가장 먼저 읽는 책이었다. 그 『소학』에 다음과 같은 언급이 있다.

> 자식이 능히 밥을 먹게 되면 오른손으로 먹도록 가르친다. 말을 하기 시작하면 남자는 짧고 여자는 길게 대답하도록 가르친다.
> —『소학』 권 1, 입교

태어난 뒤 젖을 떼면서 밥 먹고 말을 할 때가 되면 밥 먹는 예절과 대답하는 예절을 가르친다는 것이다. 곧 교육을 시작한다는 뜻이다.

젖을 떼는 나이도 두세 살이고, 말을 시작하는 나이도 두세 살이다. 역시 아동 교육은 늦어도 두세 살부터 시작해야 한다는 강력한 믿음이 드러나 있다. 만약 두세 살 때 바르게 말하고 바르게 행동하며 바른 감정을 갖도록 교육시키지 않는다면 어떻게 될까?

> 만약에 자식이 태어났을 때 위아래의 예절을 가르치지 않는다면 마침내 부모를 모욕하고 형과 누이를 때리기까지 하게 된다. 그런데도 어떤 부모들은 금

하고 꾸짖지 않고 도리어 웃으면서 아이의 기를 꺾지 말아야 한다고 한다. 그 아이는 어려서 좋고 나쁜 것을 가리지 못하므로 부모들이 금하고 꾸짖지 않는 일은 잘못된 일이라고 생각하지 않는다.

그 아이가 자라 습관이 굳어진 뒤에는 부모들이 노하여 금지하려고 해도 그 때는 이미 늦은 것이다. 이에 아버지는 그 자식을 미워하고 자식은 그 아버지를 원망하여 부자 사이가 끔찍한 지경에까지 가고 만다. 이는 대개 부모들이 아이가 어렸을 때 작은 정에만 끌리고 심사숙고하지 않아 어린아이의 악을 키웠기 때문이다.

— 『소학』 권 1, 입교

처음 말을 시작하고 걸어다니기 시작할 때의 그 귀여운 자녀들이 상스런 말을 하거나 버릇없는 행동 또는 무분별한 감정 표현을 할 때 바로잡지 않으면 나중에 고칠 수 없다는 것이다.

조선시대의 원자 교육도 기본적으로는 두세 살 때의 바른말과 바른 행동 그리고 바른 감정을 익히도록 하는 것에서부터 시작했다. 이는 특정한 재능이나 기술을 일찍부터 가르치고자 하는 조기 교육과는 사뭇 다른 생각이라고 하겠다.

우선 인간으로서의 말과 행동 그리고 감정을 바르게 닦아놓은 뒤에 필요한 기능과 기술을 가르친다는 것이다. 이는 기능과 기술은 나중에 배울 수 있지만, 바른 말과 바른 행동 그리고 바른 감정은 그렇지 않다는 믿음에서 나온 것이라 할 수 있다.

어머니가 자녀를 가르치는 도리

송시열은 조선 후기를 대표하는 유학자다. 그는 엄격하고 원리원칙적인 명분론으로 조선 후기의 여론을 주도했다. 그런 송시열이었지만 딸의 시집살이에 필요한 가르침을 한글 책으로 만들어 주는 자상함도 있었다. 『계녀서(戒女書)』라고 하는 책인데, 여기에 어머니가 자녀를 가르치는 도리에 대해 이렇게 쓰여 있다.

송시열의 초상화

"딸은 어머니가 가르치고 아들은 아버지가 가르친다고들 한다. 그렇지만 아들도 글을 배우기 전에는 어머니가 가르치는 것이다.

그러므로 어렸을 때부터 속이지 말고, 지나치게 때리지 말며, 글을 배울 때 차례 없이 권하지 말아야 한다. 글은 하루에 세 번씩 권하여 읽게 하고, 잡된 노릇을 못하게 하며, 보는 데서 드러눕지 못하게 해야 한다. 세수를 일찍 하게 하고, 벗과 언약하였다고 하면 꼭 실행하게 하여 남과 신의를 잃지 않도록 해야 한다. 잡된 사람과 사귀지 못하게 하고, 집안의 제사에 참여하게 하며, 온갖 행실은 옛 사람의 좋은 일을 배우게 하여야 한다.

아들은 열다섯 살이 된 다음에는 남편에게 모두 맡겨 잘 가르치게 하라. 온갖 일을 한결같이 잘 가르치면 자연히 단정하고 어진 선비가 될 것이다.

어려서 가르치지 못하고 늦게서야 가르치려 하면 잘 되지 않는다. 일찍 가르쳐야 가문을 보존하고 내 몸에도 치욕이 닥치지 않을 것이다. 이런 일은 어머니에게 달렸으니 남편을 책망하지 말도록 해라." 『계녀서』

당대 최고의 석학들이 맡은 원자의 조기 교육

　자녀가 성장해 감에 따라 집 밖에서 보내는 시간이 많아진다. 이에 따라 자녀 교육에서 부모의 역할은 자연스럽게 줄어들 수밖에 없다. 반면 선생님들의 역할은 늘어난다.

　선생님의 학식과 인품 그리고 세계관은 자녀의 학식과 인품, 세계관으로 이어질 것이다. 특히 아동기는 인간의 기본 인품이 형성되는 시기이다. 그런 면에서 자녀가 이 세상에서 처음으로 만나게 되는 선생님은 더더욱 중요하다고 할 수 있다.

　조선시대 원자 교육에서도 최초 교육을 담당할 선생님들의 선정에 각별히 신경을 썼다. 미래의 왕이 될 원자의 인품과 세계관 그리고 사람됨은 선생님에게 달려 있다고 생각했다.

조선이 서고 난 뒤 처음으로 원자로 불린 사람은 정종의 아들인 불로(佛老)였다. 그러나 창업 직후의 혼란 속에서 2년여 만에 왕위를 물려준 정종은 원자 교육에 대해 이렇다 할 내용을 보여주지 못했다. 조선시대 원자 교육은 3대 왕인 태종이 즉위한 이후부터 적극적으로 거론되기 시작했다.

태종은 1400년 11월에 즉위하였는데, 해가 바뀌어 1401년에 들어서면서 원자 교육에 관심을 갖기 시작했다. 훗날의 양녕대군이 되는 태종의 원자가 당시 여덟 살이었기 때문이다. 처음에 태종은 당시의 관습대로 사찰의 승려에게 원자 교육을 맡기려고 했다.

하지만 양반 관료들이 심하게 반대했다. 장차 유교 국가의 최고지도자가 될 원자가 승려를 사부로 모신다는 것은 말이 안 된다고 했다. 원자 교육은 당연히 유학에 정통한 선비들이 맡아야 한다고 주장했다. 이에 태종은 당대 최고의 국가 교육기관인 성균관의 학자 관료들로 하여금 원자를 교육시키도록 했다.

> 원자의 학당을 성균관에 짓되 사치하거나 크게 짓지 말고, 다만 잠잘 방만 마련하면 된다. 사부는 성균관의 관원으로 하면 되고 같이 공부하는 사람들은 생원이면 된다. 옷과 음식은 모두 통상의 예와 같게 하라.
> ─ 『태종실록』 권 2, 1년 8월 무인조

그런데 원자가 성균관에서 공부하려면 궁궐을 떠나 성균관에서 먹고 자야 했다. 이것은 또다시 많은 문제를 불러일으켰다.

예컨대 태종의 원자는 여덟 살이지만, 후대 왕의 원자는 몇 살부터 궁궐을 떠나 성균관의 기숙사로 옮겨가야 할까? 원자의 호위나 의전 문제는 어떻게 해야 할까? 어린 원자를 위해 내시나 시녀들을 딸려 보낸다면 그들의 생활은 또 어떻게 해야 할까? 후대의 왕들이 태종을 빌미로 해서 원자의 나이 여덟 살 이전까지 제왕 교육을 시키지 않는다면 어떻게 될까? 이런 복잡한 문제들이 제기되었다.

이런 점을 파악한 유학자들은 대안을 찾고자 했다. 그들은 문왕과 무왕이 원자 교육을 어떻게 시행했는가에서 해답을 찾았다. 그 구체적인 내용은 앞에서 언급한 대로 『대대례』의 보부편에 있었다.

사헌부 대사헌 이원이 글을 올려 동궁을 세우고 사부를 둘 것을 청하였다. 그 글에 이르기를, "『대대례』 보부편에서 말하기를, '옛날에 주나라의 성왕이 어려서 강보에 싸여 있을 때, 소공(召公)은 태보(太保)가 되었고 주공은 태부(太傅)가 되었으며 태공(太公)은 태사(太師)가 되었다.'고 하였습니다. 보(保)는 그 신체를 보전하는 것이고, 부(傅)는 덕과 의로써 돕는 것이며, 사(師)는 교훈으로 인도하는 것입니다. 이것이 곧 삼공의 일입니다.

또 삼소(三少)를 두었는데 모두 상대부(上大夫)로서 소보(少保), 소부(少傅), 소사(少師)라고 하였습니다. 삼소는 태자와 더불어 한가하게 쉬는 사람들입니다. 그러므로 태자가 말하고 걷기 시작할 때부터 삼공과 삼소가 효, 인, 예, 의에 의거하여 태자를 인도하고 학습하게 합니다. 이로써 간사한 사람을 쫓아내고 악한 행실은 보지 못하게 하는 것입니다. (중략)

원하건대 전하께서는 주나라의 아름다운 법을 본받으시고 당나라 태종의 아름다운 말을 생각하시어, 동궁을 세워 국본을 정하고 덕행이 있는 노성한 신하와 충직하고 도가 있는 선비를 뽑아 사부 및 함께 공부하는 사람으로 삼으소서. 이들로 하여금 항상 원자를 보호하게 하고 아울러 부모에게 효도하며 형제에게 우애하는 방도와 잠자리에 문안하고 수라상을 살피는 절차를 가르치게 하여 교만하고 나태함에 이르지 말게 하소서." 하였다.

—『태종실록』 권 2, 1년 8월 무인조

위의 내용은 조선시대 원자 교육의 기본 방향에 대해 말하고 있다. 곧 원자가 말하고 걷기 시작할 때인 두세 살부터 덕행이 노성한 신하와 충직하고 도가 있는 선비에게 교육을 맡겨야 한다는 것이다. 원자의 선생님은 승려도 아니고 성균관의 관료도 아닌 당대 최고의 유학자여야 한다는 말이었다. 이에 따라 원자가 두세 살 정도 되면 선생님을 뽑아 교육시키는 관행이 정착되어 갔다.

원자를 가르쳤던 선생님들은 양반 관료를 대표하는 삼정승과 자타가 공인하는 명망 높은 유학자였다. 삼정승은 『대대례』 보부편에서 말하는 삼공에 비견되었고 명망 높은 유학자는 삼소에 비견되었다.

실제로 조선시대 원자의 선생님들은 삼정승이나 2품 이상의 고위 관료, 또는 명망 높은 유학자 가운데서 추천을 받아 최종적으로 서너 명이 뽑혔다. 원자의 선생님이 된다는 것은 당대 최고의 유학자로 공인받는 것이었으므로 최고의 영예로 간주되었다. 중종 대의 조광조, 광해군 대의 정인홍과 정구, 인조 대의 이정구와 정경세, 현종 대의 송시열과 송준길, 영조 대의 정계두와 이재 등은 자타가 공인하는 당대 최고의 유학자들로서 원자의 선생님이 되었다.

율곡 이이의 세자 교육론

"신이 살펴보니 중국의 하, 은, 주 때에 세자를 가르친 방법이 『예기』와 『대
대례』 보부편에 자세하게 실려 있습니다. 그런데 근세에 그 방법을 잊어버렸
습니다. 이것은 주자도 자세하게 언급하였습니다.

대체로 사람이란 존재는 공경하고 두려워하는 것이 있어야 제멋대로 하지 않
습니다. 그런 다음에야 마음을 기울여 열심히 공부할 수 있습니다.

그런데 근래의 세자 교육은 이와 반대입니다. 제대로 가르치지도 않을 뿐만
아니라 예닐곱 살만 되면 곧 신하들을 둡니다. 이에 세자는 어려서부터 윗사
람 노릇을 하며 공경하고 두려워하는 것이 없습니다. 공부를 가르치는 신하
들은 세자를 받들기만 하니 스승의 도리가 없어진 것이나 마찬가지입니다.
게다가 가끔씩 세자를 만나도 거의 충고를 하지 않습니다.

이에 세자는 오직 환관과 궁녀들과 날마다 어울려 지냅니다. 그들은 세자를
편히 노는 것과 사치스런 노리개로만 인도하여 모든 일이 엉망이 되게 할 뿐
입니다. 이러고도 세자가 학문을 성취할 수 있겠습니까?

반드시 도덕군자를 사부로 삼아 세자로 하여금 사부를 공경하도록 해야 합니
다. 그렇게 해야 스승의 도가 엄하게 됩니다. 그러면 세자는 사부를 보고 느
끼면서 본받고자 할 것입니다."

『성학집요』 4장, 교자(教子) 언교세자지도(言敎世子之道)

원자의 몸과 마음을 보좌하는 보양관

　　원자가 말하고 걷기 시작하는 두세 살부터 교육을 시작하려면 대궐 밖에서는 곤란했다. 그 결과 조선시대 원자 교육은 대궐 안에서 하는 것으로 바뀌었다. 『대대례』보부편의 주나라 성왕 교육도 대궐 안에서 시행하였다.

　　원자 선생님들은 보양관(輔養官)이라고 하였다. 보양은 보좌하고 기른다는 뜻이다. 말하고 걷기 시작하는 원자의 몸과 마음을 보좌하고 기르는 선생들이라고 하겠다. 원자의 선생님들을 사부라고 부르지 않고 굳이 보양관이라고 하는 까닭이 여기에 있었다.

　　보양관이 근무하는 관청은 원자보양청(元子輔養廳)이라 했다. 보양청은 원자가 생활하는 중전 가까이에 있었다. 보양청에는 보양관뿐만 아니라 서리와 심부름꾼을 비롯하여 필요한 인력들이 배치되었다. 서너 명의 보양관들은 날마다 출근하는 것이 아니라 당번을 정해 번갈아가며 출근했다.

보양관은 두세 살밖에 되지 않은 어린 원자를 어떻게 가르쳤을까? 실제 그 어린 나이에 교육이 가능했을까? 심지어 원자가 100일밖에 안 되었는데도 보양관을 뽑아 교육을 해야 한다는 주장이 제기되기도 하였는데, 이때는 또 어떻게 교육시켰을까?

영의정 권대운이 아뢰기를, "이전부터 세자에 책봉되기 이전에 의례 보양관이 있었습니다. 원자는 아직 강보에 있어 보양관을 차출하는 것이 너무 빠른 듯하지만 밖의 논의는 모두 차출하는 것이 마땅하다고 합니다. 지금 보양관이 직접 보도하고 가르칠 수는 없지만 옷 입고 밥 먹을 때에 가끔씩 들러본다면 보탬이 되는 부분이 있을 것입니다." 하였다.
— 『보양청일기(輔養廳日記)』 기사년(숙종 15년), 7월 1일

이는 원자가 말하고 걸어다니기 이전일 경우 보양관들이 어떻게 교육했는지를 잘 보여준다. 그냥 틈틈이 가서 보기만 한다는 것이다.

그렇지만 이것만으로도 중요한 교육이 되었다. 예컨대 보양관들이 원자를 볼 때는 사부와 제자의 예를 행하고 보았다. 그러므로 강보 속의 원자는 보양관을 볼 때마다 자기도 모르게 제자의 예를 행하고 배웠다. 또한 보양관이 원자를 만나 건네는 한두 마디의 덕담이나 원자 주변의 환관이나 궁녀들에게 행하는 훈계, 또는 원자의 옷차림이나 행동거지에서 예에 벗어나는 사항이 발견될 때 이를 고쳐주는 것 등등이 모두 교육이었다.

서너 명의 보양관들은 순번을 정해 번갈아 원자를 보았다. 원자가 두세

천자문_한국학중앙연구원 장서각 소장

살 이전일 때는 보통 열흘에 한 번 또는 보름에 한 번 정도로 보았다. 원자
는 보양관을 보면서 말과 행동을 바르게 배울 수 있었다.

원자의 나이가 들어갈수록 보양관은 원자와 만나는 횟수를 늘려나갔
다. 그러다가 원자의 나이가 다섯 살가량 되면 『소학』,『천자문』 등을 이용
해 공식적으로 읽고 쓰기 공부에 들어갔다. 이때부터 보양관은 명실상부하
게 원자의 사부라 불렸다.

조선시대 보양관은 원자가 두세 살부터 다섯 살 정도가 될 때까지 약 3
년 동안 원자의 말과 행동 그리고 세계관을 바르게 잡아주는 선생님이었다.
보양관은 행동과 말로 가르치는 일종의 생활 교육, 모범 교육을 했다. 조기
에 인간의 말과 행동을 바르게 형성하고자 심사숙고했던 우리 조상들의 지
혜가 만들어낸 제도가 원자 보양관이었다.

남의 스승이 되기 위해서는?

"학생이 잘못하기 전에 미리 방지하는 것을 예(豫)라고 한다. 그때에 알맞게 가르치는 것을 시(時)라고 한다. 학생의 능력에 맞게 가르치는 것을 손(孫)이라고 한다. 친구와 선의의 경쟁을 통해 성장하는 것을 마(摩)라고 한다. 이 네 가지는 교육을 부흥시키는 것이다.

학생이 잘못을 저지른 뒤에 막으려 하면 반항하여 감당할 수 없다. 때가 지난 뒤에 배우고자 하면 힘들고 성취하기도 어렵다. 학생의 능력 밖으로 가르치면 혼란하여 차례를 잃게 된다. 친구 없이 혼자 공부하면 견문이 고루해진다. 놀기 좋아하는 친구를 사귀면 스승을 거역하게 된다. 놀기만 하는 버릇이 생기면 공부를 포기하게 된다. 이 여섯 가지는 교육을 망치는 것이다.

교육을 부흥시키는 것과 교육을 망치는 것을 다 안 다음에야 다른 사람의 스승이 될 수 있다."

『예기』 학기(學記)

원자 교육의 기본 바탕, 예절 교육

　사람과 사람 사이를 바르게 맺어주는 끈이 예절이다. 예절이 어긋나면 모든 인간관계가 어긋난다. 그런 면에서 바른 인간관계는 바른 예절에서 시작한다고 할 수 있다.

　우리나라는 예부터 예절을 중요하게 생각했다. 사람이 사람인 이유는 예의염치가 있기 때문이라고 했다. 예의염치가 없다면 본능대로 행동하는 짐승과 다를 것이 없다고 생각했다.

　장차 왕이 될 원자 교육에서도 예절 교육은 무척 중시되었다. 그런 면에서 원자와 보양관이 첫 대면하는 상견례는 원자의 예절 교육을 상징했다.

　보양관으로 뽑힌 원자 선생님들은 모두 원자와 상견례를 했다. 두세 살밖에 되지 않은 원자는 상견례를 통해 제자와 스승 사이의 기본적인 예절을 배울 뿐만 아니라 미래의 왕으로서 존엄을 배웠다. 원자와 보양관의 상견례는 어떻게 행해졌을까?

정조의 첫 번째 원자는 의빈 성씨가 낳은 훗날의 문효세자다. 문효세자는 두 살 되던 정조 7년(1783) 11월 27일에 원자로 결정되었다. 원자의 보양관으로는 우의정 이복원과 영돈녕부사 김익이 뽑혔다. 상견례는 정조 8년(1784) 1월 15일에 편전에서 거행되었다. 그때 원자는 세 살이었는데, 상견례는 다음과 같이 거행되었다.

그날 액정서(掖庭署)에서 원자의 자리를 편전의 동쪽에서 서쪽을 향하도록 설치한다.(방석을 깐다)

보양관이 절하는 자리를 편전의 서쪽에서 동쪽을 향하도록 설치한다.(방석을 깐다)

행사 진행자의 자리는 동쪽 계단 위에서 서쪽을 향하도록 설치한다.

시간이 되면 보양관이 예복을 갖추어 입고 편전의 문 밖 서쪽에서 동쪽을 향하고 선다.(녹사(錄事)가 뒤를 따른다)

환관이 원자에게 무릎을 꿇고 행사에 필요한 준비를 할 것을 요청한다.

조금 있다가 환관은 원자에게 밖의 준비가 끝났음을 아뢴다.

환관이 예복을 갖춘 원자를 모시고 나와서 원자의 자리에 선다.

행사 진행자가 보양관을 인도하여 들어온다. 보양관은 서쪽 계단을 통해 올라와 보양관의 자리로 간다.(행사 진행자는 서쪽 계단 위에서 멈춘다)

행사 진행자가 몸을 굽히고, 절하고, 일어나고, 몸을 펴라고 구령한다.

보양관은 구령에 맞추어 몸을 굽히고, 절하고, 일어나고, 몸을 편다.

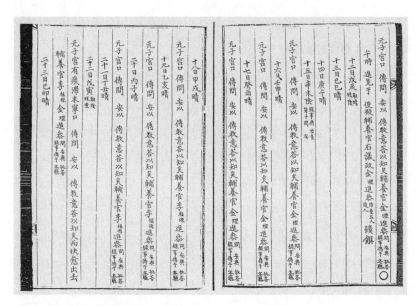

『보양청일기』 _ 서울대학교 규장각 소장

이로써 상견례가 끝난다.

환관이 무릎을 꿇고 상견례가 끝났다고 아뢴다.(행사 진행자도 또한 행사 종
료를 외친다)

보양관은 서쪽 계단을 통해 내려온다.

행사 진행자가 보양관을 인도해 편전 밖으로 나간다.

환관은 원자를 모시고 안으로 들어간다.

— 『보양청일기』 정조 8년(1784) 1월 15일

위의 상견례에 따르면 보양관이 원자에게 절하는 것으로 되어 있다. 이것은 신료로서 미래의 왕이 될 원자에게 인사하는 예절이다. 그렇다면 스승으로서의 입장은 어떻게 되는 것일까? 원자는 제자로서의 예를 행하지 않을까?

조선시대 신하가 왕을 만날 때는 네 번의 절을 올리고 세자를 만날 때는 두 번의 절을 올렸다. 이럴 경우 왕이나 세자는 절만 받으면 그만이었다. 그렇다면 미래의 왕인 원자는 보양관의 절을 받고 어떻게 했을까? 또 보양관으로부터 몇 번의 절을 받았을까?

본래 왕세자가 사부와 상견례를 행할 때는 왕세자가 사부를 뒤따라 들어가서 먼저 두 번 절을 올렸다. 사부는 이에 대해 두 번의 답배를 했다. 장차 왕이 될 왕세자이지만 제자이므로 먼저 두 번 절을 했던 것이다. 또 사부는 왕세자의 신하이기에 두 번의 절로 답을 했던 것이다. 이는 군신간의 예절과 사제간의 예절을 결합한 것이라 할 수 있다. 따라서 원자의 경우도 원자가 보양관을 뒤따라 들어가서 먼저 두 번 절을 올리고 보양관이 답배하는 것이 예절이라 할 수 있다.

그런데 두세 살 된 원자는 절을 할 수 있는 나이가 아니다. 옆에 모시고 있는 환관이 억지로 절하는 흉내를 내게 하는 것도 모양이 이상할 것이 틀림없다. 따라서 조선시대에 두세 살 된 원자가 보양관과 상견례를 행할 때는 보양관이 한 번 절하는 것만으로 그치게 했다. 대신 원자는 먼저 자리에 가서 기다려야 했다. 원자와 보양관은 미래의 임금과 신하 사이의 예절, 그리고 현재의 사제간의 예절을 결합한 상견례를 했던 셈이다.

원자가 네다섯 살 정도 되어 절을 할 수 있게 되면 세자의 상견례와 똑같이 했다. 이같은 상견례를 통해 어린 원자는 인간 사이의 기본예절을 배웠다.

조선시대 원자의 교육을 책임진 보양관이 원자와 처음 만날 때 행했던 상견례는 우리 조상들이 인간 교육의 바탕을 어디에 두었는지 잘 보여준다. 그것은 사람을 사람답게 하는 예절교육이었다. 바른 행동은 예절 교육으로 부터 나온다고 생각했던 것이다.

예란 무엇인가?

"무릇 예에는 근본과 형식이 있다. 가정에서 예를 행하는 것으로 말한다면 명분을 지키고 사랑과 공경을 충실히 하는 것이 예의 근본이다. 관혼상제의 예절들은 예의 형식이다.

예의 근본은 가정에서 날마다 사용해야 하는 본질이니 하루라도 닦지 않으면 안 된다. 예의 형식도 또한 사람의 도리를 바로잡아 주는 것이다. 관혼상제는 그것을 행할 때와 장소가 따로 있지만 평상시 능숙하게 익히지 않으면 막상 일을 당하여 제대로 할 수가 없다. 그러니 또한 예의 형식도 날마다 연구하고 익혀야 한다."

『주자가례』 가례서(家禮序)

원자의 또래 친구

　대부분의 사람들은 어린 시절을 함께 보낸 죽마고우가 있다. 그런데 조선시대 원자는 원천적으로 죽마고우를 갖지 못하는 처지다. 구중궁궐 깊은 중전에서 태어난 원자는 자라는 곳도 교육받는 곳도 궁궐 안이기 때문이다.

　어린 원자는 함께 뛰어놀 친구도 없었다. 어린 원자 주변에는 유모와 보모 그리고 궁녀들과 환관들 또는 가끔씩 찾아오는 보양관 같은 어른들만 있었다. 원자의 형제자매들은 감히 원자와 함께 뛰어놀지 못했다.

　아이들의 성장 과정에서 비슷한 또래와의 놀이를 통한 교육은 이론의 여지없이 무척 중요하다. 아이들은 또래 친구들과의 놀이를 통해 대화, 타협, 협동, 서열화 같은 기본적인 사회생활을 배운다.

　또래의 놀이 친구가 없는 원자는 어떻게 했을까? 원자는 어른들만의 교육만 받고 말았을까? 물론 그렇지 않았다. 원자에게도 또래 친구가 있었다. 원자의 또래 친구는 배동(陪童)이라고 불렀다. 원자를 모시는 어린아이란 뜻이었다.

조선시대 원자에게 또래 친구를 두는 근거도 주나라 성왕의 사례와 중국 역사의 태자 교육에서 찾았다. 예컨대 중종의 원자가 세 살이었을 때, 당시 홍문관에서 근무하던 조광조는 원자의 또래 친구와 관련하여 다음과 같은 주장을 하였다.

> 당나라의 대종은 태자를 열두 살 된 유성과 함께 궁중에서 키우면서 오도관에게 글을 배우게 했습니다. 송나라 진종은 인종이 대궐을 나가기 전, 채백희와 종실의 아들 중 어리면서도 영리하고 나이가 서로 비슷한 아이를 골라 함께 놀게 하였습니다. 정자는 말하기를, '아이를 개발시키는 방법이 여러 길이 있으나, 분명하게 익히도록 하는 것이 제일 좋다. 그러므로 주공이 성왕을 보필할 때 백금으로 하여금 같이 있게 한 것이다.'라고 하였습니다. 성인들의 일은 반드시 합당한 이유가 있습니다. 진종이 채백희로 하여금 인종을 모시게 하였음은 곧 옛일을 본받은 것입니다.
> — 『중종실록』 27, 12년 1월 을미조

조광조는 원자에게 또래 친구를 두어야 하는 최고의 근거를 주공이 성왕을 보필할 때 백금으로 하여금 같이 있게 했던 역사적 사례에서 찾았다.

주공은 주나라를 건국한 무왕의 동생이며 성왕의 삼촌이다. 무왕은 동생을 태부(太傅)로 삼아 자신의 어린 아들을 가르치게 했다. 무왕이 세상을 떠났을 때, 성왕은 열 살에 지나지 않는 어린아이였다. 이에 주공은 섭정이 되어 국정을 처리하면서 어린 성왕을 가르쳤다.

이때 주공은 자신의 큰아들인 백금을 성왕과 함께 생활하게 했다. 만약 성왕이 말과 행동에서 잘못을 범하면 대신 백금을 매질하여 성왕을 훈계했다. 이것은 비슷한 또래와 함께 생활하게 하면서 말과 행동을 바로잡도록 한 것이었다. 위의 사례를 인용한 조광조는 당시 세 살이던 원자에게도 또래 친구를 둘 것을 권고했다.

> 신료들의 자제 가운데 열 살 이상 열두 살 이하의 단정하고 조심성 있는 영특한 아이 세 명을 고릅니다. (중략)
> 이 아이들은 이른 아침에 대궐에 들어왔다가 어두워지면 나가게 합니다. 세 아이 가운데 두 명은 대궐에 들어오게 하고 한 아이는 쉬도록 합니다. 대궐에 들어온 아이들은 나이 든 궁녀나 환관 가운데 두 사람을 가려 따라다니며 보살피고 잠시도 떠나지 않게 합니다. 이렇게 하여 아이들의 말을 반드시 바르게 하고 행동을 반드시 착하게 하도록 해야 합니다.
> 또한 원자의 선생님들이 늘 가르쳐서 엄하게 여기고 꺼려할 줄 알게 하다가 나이 열세 살이 되면 그때 집으로 돌아가게 합니다. (중략)
> 이전에 연산군이 강희맹의 집에서 자랄 때 같이 노는 아이들이 모두 교활하고 모자랐습니다. 연산군이 아침저녁으로 이 아이들에게 물들어서 마침내 천성을 잃게까지 되었으니, 지난날의 경계를 조심하지 않을 수 있겠습니까?
> — 『중종실록』 권 27, 12년 1월 을미조

어린 원자와 함께 지내는 아이들은 선생님 못지않게 중요하다는 것이다. 그런데 조광조는 세 살 된 원자의 또래 친구로 열 살 정도의 아이들을 이야기하였다. 이는 또래 친구보다는 오히려 어린 선생님이라 할 수 있다.

이같은 생각 때문인지 몰라도 조선 후기의 사례를 보면 비슷한 또래의 아이들로 하여금 원자와 함께 놀게 했다. 조선 후기 정조 때의 사례를 하나 들어보기로 하자.

정조는 왕비 김씨와 부부 사이의 금실이 그렇게 좋은 편이 아니었다. 그래서인지 정조

〈추풍명안도 – 정조어필〉 _ 국립중앙박물관 소장
정조가 그린 그림이다.

는 혼인한 지 20년이 넘도록 자손을 보지 못했다. 이런 차에 정조 6년 (1782) 궁인 성씨가 왕자를 낳았다. 기다리고 기다리던 아들을 본 정조는 이듬해 11월에 그 왕자를 원자로 결정했다. 당시 원자는 두 살이었으며, 훗날 문효세자가 되었다.

정조는 원자를 위해 보양관들을 뽑았다. 당대의 유학자로 명성이 높던

우의정 이복원과 영돈녕부사 김익이 보양관이 되었다. 그런데 당시의 기록에는 보양관뿐 아니라 배동에 관한 내용도 꽤 나타나고 있다.

> 배동 이쾌견(李快犬) 세 살, 강철견(姜喆犬) 다섯 살, 한길견(韓吉犬) 네 살, 장신견(張辛犬) 세 살, 김석견(金石犬) 두 살, 송을견(宋乙犬) 다섯 살, 김경견(金慶犬) 다섯 살, 김석견(金席犬) 다섯 살, 정태견(丁泰犬) 다섯 살, 김금견(金金犬) 다섯 살, 김확견(金確犬) 네 살, 한철견(韓鐵犬) 네 살, 최백견(崔百犬) 다섯 살, 김업견(金業犬) 다섯 살, 최창견(崔昌犬) 세 살. 이상 열다섯 명의 배동들에게 각각 쌀 2석, 돈 20냥을 호조에서 내려줌.
> — 『보양청일기』 정조 7년(1783) 12월 3일

정조가 원자를 결정한 날이 11월 27일이었다. 위의 기록은 그로부터 6일 이후의 내용이다. 원자가 결정된 후 곧바로 배동도 뽑았음을 알 수 있다. 당시 정조의 원자는 두 살이었다. 위에 나오는 열다섯 명의 배동은 두 살부터 다섯 살까지였다. 명실상부하게 원자와 비슷한 또래의 놀이친구들이라 할 수 있다. 이들 배동은 원자와 어떻게 만나고 또 어떻게 놀았을까? 다음의 기록은 그에 대한 실마리를 보여주고 있다.

다음과 같이 하교하셨다.
"이후로 보양관이 원자를 만날 때에 배동은 다섯 명씩 교대로 와서 대기하도록 하라. 매달 초하루와 보름에는 배동이 문안을 해야 할 것이다. 그러나 배동은 어려서 문안을 하기 어려우니 배동의 아버지로 하여금 문안단자를 차비

에 올리도록 하라."

— 『보양청일기』 정조 8년(1784) 1월 15일

배동은 아무 때나 원자를 만나 노는 것이 아니었다. 보양관이 원자를 만나는 날 다섯 명의 배동을 데리고 들어가 함께 놀게 했던 것이다. 보양관은 두세 살 된 원자를 열흘에 한 번 또는 보름에 한 번 정도로 만나게 된다. 이때 보양관은 다섯 명의 배동을 함께 데리고 들어가 원자와 놀게 했던 것이다.

두세 살 된 어린 아이 여섯 명이 모이면 어떻게 놀까? 엉금엉금 기거나 비틀비틀 걸으면서 서로 웃고 떠드는 광경이 연상된다. 구중궁궐 안의 외로운 원자가 비슷한 또래와 즐겁게 노는 시간은 아마도 이때가 유일할 것이다. 교육을 중요하게 생각하면서도 또래와의 놀이를 통한 교육의 필요성과 효과까지도 염두에 둔 왕실의 지혜가 아니었을까?

이복원이 제시하는 어린아이의 교육방법

좌의정 이복원이 왕에게 글을 올려 아뢰기를,

"어린아이를 기르는 방법에 다섯 가지가 있습니다. 첫 번째는 솔선수범을 하는 것입니다. 두 번째는 양지(良知)를 인도하는 것입니다. 세 번째는 보호를 신중하게 하는 것입니다. 네 번째는 주변 사람들을 잘 고르는 것입니다. 다섯 번째는 아랫사람들을 갖추는 것입니다. (중략)

한 마디 말을 할 때에도 반드시 원자가 들을 것이라 생각하시고, 한 가지 일을 할 때에도 반드시 원자가 볼 것이라 생각하셔야 합니다. 잠시 잠깐 사이라 해도 늘 원자로 하여금 애정을 갖고 본받도록 해야 하며 보고 배우도록 해야 합니다. (중략) 바야흐로 혈기가 충만하지 않고 기호가 정해지지 않은 때에는 보호하는 방법이 어린 양(陽)을 보호하듯 해야 합니다. 음식은 싱거워야 하고 달지 말아야 합니다. 몸은 수고로워야 하고 안일해서는 안 됩니다. 바람과 추위는 조심해야 하지만 너무 따뜻해서도 안 됩니다. 약물은 가까이해야 하지만 함부로 써서는 안 됩니다. (중략)

원자는 바야흐로 어린 나이이므로 사부나 아랫사람들을 두기 전입니다. 그 형세가 주변 사람들과 친근하여 희롱하지 않을 수 없습니다. 그러니 말을 배우고 걸음을 배울 때 및 화목하게 이야기하고 위를 모실 때에 보고 듣는 것이 이들에게 많이 달려 있습니다. 이제 가까이 모시는 주변 사람들은 너그럽고 자상하며 따뜻하고 공손하며 행동을 삼가고 말수가 적은 사람들을 구하여야 할 것입니다." 하였다.　　　　　　　　　『정조실록』 권 17, 8년 1월 갑진조

읽고 쓰기 교육

유치원에 들어가기 전의 자녀를 둔 부모들은 몇 살쯤부터 아이에게 읽고 쓰기를 가르쳐야 좋은지 고민하게 된다. 유아기 때 놀이 삼아 또는 재미삼아 아이에게 그림이나 글자를 보여주며 읽고 쓰기를 가르치기도 한다.

그러나 몇 살부터 본격적으로 선생님에게 읽고 쓰기를 맡겨야 좋은지 하는 점에서는 갈등이 생긴다. 조기 교육의 효과가 상식처럼 되어 있는 요즘에는 더더욱 그렇다. 조기 교육이 유효하다면 빠르면 빠를수록 좋다는 생각도 들지만 너무 어린아이에게 과중한 공부 부담을 주면 오히려 역효과가 나지 않을까 걱정도 생긴다.

그렇다면 우리 조상들은 어떻게 했을까? 무엇보다 최고의 교육을 받았을 왕실의 원자는 어떻게 했을까?

원자는 걸어다니고 말하기 시작하는 두세 살부터 보양관을 뽑아 가르친다고 했다. 그런데 보양관은 기본적으로 원자의 말이나 행동과 감정을 바르게 잡는 훈육을 담당할 뿐이었다. 읽기나 쓰기를 가르치지는 않았던 것이다. 그러면 조선시대 원자는 몇 살 때부터 공식적으로 읽고 쓰기 교육을 받았을까?

> 영의정 홍낙성이 아뢰었다. (중략)
> "전례를 살펴보니 원자가 세 살 이전이었을 때 보양관을 뽑고 다섯 살 이후가 되면 사부를 뽑았습니다. 원자의 사부는 정2품의 관료 가운데서 뽑는 것이 전부터 전해오는 규칙이었습니다."
> ─ 『강학청일기(講學廳日記)』 병진(정조 20년) 12월 1일

위에서 원자의 나이 세 살 이전에 보양관을 뽑았다는 것은 두세 살 때 보양관을 뽑았다는 의미이다. 다섯 살 이후에 사부를 뽑았다는 것은 바로 그때부터 원자에게 읽기와 쓰기를 가르칠 선생님을 공식적으로 선발했다는 뜻이다. 사부는 보양관과 달리 읽기와 쓰기를 가르쳤던 선생님이었다. 만약 보양관이 읽기와 쓰기까지 가르치게 되면 이때는 보양관이면서 사부가 되었다.

원자의 읽기와 쓰기는 어떤 식으로 이루어졌을까? 현종의 원자로서 다섯 살부터 원자 교육을 받은 숙종의 사례를 보자.

현종은 6년(1665) 6월 17일에 송시열, 송준길, 김수항, 김좌명을 원자의 보양관으로 임명해 원자 교육을 맡게 했다. 당시 원자의 나이는 다섯 살

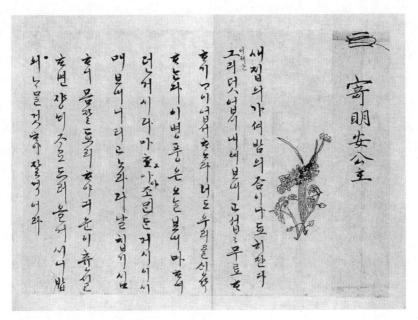

현종의 한글 편지_강릉시립박물관 소장

이었으므로 이전의 원자에 비하면 조금 늦었다고 할 수 있다.

　사실 현종의 원자가 세 살 되던 해부터 원자 교육을 맡을 보양관을 뽑아야 한다는 상소문이 여러 번 올라왔다. 현종은 지나친 조기 교육이 오히려 바람직하지 않다고 생각해 뒤로 미루고 있었다. 그러던 차에 6월 12일 송준길이 중종대의 원자 교육을 이야기하면서 빨리 원자 교육에 들어갈 것을 요청하자 마침내 받아들였던 것이다. 8월 18일 현종은 송준길과 함께 원자 교육에 관한 문제를 의논했다.

현종 : 어떤 책을 먼저 강론해야 하는가?

송준길 : 원자가 『소학』 본문은 배웠습니까?

현종 : 『소학』 본문의 음은 읽을 줄 알지만 해설 내용은 읽지 못하는 듯하다.

송준길 : 원자가 『효경』을 읽고 있다고 하는데 사실입니까?

현종 : 다른 사람이 『효경』 읽는 것을 듣고 앞부분을 배웠다.

송준길 : 『효경』을 강론함이 어떻겠습니까?

현종 : 『효경』 한두 장을 이미 배웠으니 계속해서 강학하는 것이 좋겠다.

— 『현종실록』 권 10, 6년 8월 신미조

이어서 9월 5일 현종은 송준길과 함께 원자 교육에 관해 좀더 구체적인
논의를 했다.

송준길 : 지금부터 힘써 학문을 강론하게 함으로써 품성을 개발해 나가야 합
니다. 강학해야 할 글은 마땅히 『효경』으로 해야 합니다.

현종 : 그렇기는 하지만 글자를 알지 못할 것이다. 먼저 『훈몽자회(訓蒙字會)』*
를 강학하는 것이 어떻겠는가?

송준길 : 『효경』을 강학하면서 아울러 『훈몽자회』도 강학하게 하는 것이 좋겠
습니다.

— 『현종실록』 권 11, 6년 9월 무자조

---

* 중종 대에 최세진이 지은 책으로 『천자문』, 『유합』과 함께 조선시대의 대표적인 아동 한자 입문서였다.

이 결과 9월 7일에 원자의 읽고 쓰기 교육을 위한 학칙이 다음과 같이
결정되었다.

원자에게 『효경』을 가르치기 시작했다. 보양관 한 명이 돌아가면서 가르쳤다.
아직 원자 나이가 어려 제자의 예를 행하기 어려웠으므로 한 번만 절을 하게
했다. 『효경』을 교육할 때는 한 문장만 읽어주고 큰 글자 한 자를 익히게 하
였다.
— 『현종개수실록』 권 13, 6년 9월 임진조

위는 다섯 살 난 원자의 읽기 교재로 『효경』이 사용되고 쓰기 교재로는
『훈몽자회』가 이용되었음을 보여준다. 한 번 공부할 때 읽는 양은 『효경』의
한 문장으로서 이는 대략 20자 안팎이었다.

쓰는 양은 『훈몽자회』의 큰 글자 한 자였다. 이것이 조선 후기 원자의
읽고 쓰기 교육의 기본이었다. 위의 읽기 교재는 『효경』이었지만 대부분은
『소학』이 이용되었으며 쓰기 교재로는 『훈몽자회』와 함께 『천자문』도 많이
사용되었다.

읽기 교육은 선생님이 먼저 읽어주면 원자가 따라서 읽고 외우는 식이
었다. 이런 공부 방법을 강학(講學)이라고 했다. 원자가 선생님을 만나 책
을 읽고 공부하는 교실은 강학청이라고 했다. 강학청은 대부분 원자가 다섯
살 될 때에 만들어졌다.

이것 말고도 원자는 한글을 읽고 쓰는 공부도 했다. 원자가 대비나 왕
비 또는 누이나 여동생처럼 한문을 모르는 궁중 여성에게 문안 편지를 쓰거

나 외할머니 같은 외가 어른들에게 글을 보낼 때는 한글을 써야 했기 때문이다. 아울러 『소학』 같은 기본적인 교과서를 쉽게 배우기 위해 한글로 옮긴 언해본을 이용했으므로 한글이 필요했다. 따라서 조선시대 원자는 한글과 한문 두 가지 글자를 모두 배웠다고 하겠다.

그런데 위에 따르면 현종의 원자는 공식적으로 강학청에서 읽고 쓰기를 교육받기 전에 이미 『소학』을 읽은 것으로 나타난다. 비공식적으로 읽기 공부를 했다는 것이다. 이것은 원자 주변의 환관이나 궁녀가 책을 읽어주거나 또는 왕이 책을 읽는 것을 듣고 원자가 외웠음을 뜻한다. 이 때문에 강학청에서 공식적인 교육을 받기 훨씬 전인 두세 살 때 이미 한문을 읽고 쓰는 원자도 꽤 있었다. 사도세자의 경우가 그렇다.

세상에 태어난 지 네 달 만에 걸으시고 여섯 달 만에 영조의 부름에 대답하고 일곱 달 만에 동서남북을 가리켰다. 두 살 때에는 글자를 배워 육십여 자를 썼다.
— 『한중록』

두 살이면 생후 만 1년 정도밖에 되지 않은 갓난아기다. 그런데 사도세자는 그때 이미 60여 자를 썼다는 것이다. 조선시대 사람들의 생활에 절대적인 영향을 끼쳤던 『소학』이나 『주자가례』에서는 방향과 글자 쓰기를 여섯 살부터 가르치도록 했는데 사도세자는 그것보다 훨씬 이른 시기에 읽고 쓰기 공부를 한 셈이다.

　조선시대 원자들이 강학청에서 공식적으로 교육을 받기 전부터 글을 읽고 쓸 수 있었던 것은 태교 및 출생 이후 환관이나 궁녀들이 틈틈이 가르쳐준 결과라고 하겠다. 그런데도 원자의 공식적인 읽고 쓰기 공부를 다섯 살 정도 될 때까지 기다린 까닭은 무엇이었을까? 그것은 문자 교육을 너무 일찍 시작할 때 나타날 폐해에 대한 걱정 때문이라고 하겠다.

　원자 교육의 기초는 역시 바른 말, 바른 행동 그리고 바른 감정과 같은 인간의 기본 품성을 기르는 것에 집중되어 있었다. 그런 이유에서 두세 살 때부터 대략 3년에 걸쳐 원자의 말과 행동, 그리고 감정을 바로잡은 뒤에 문자 교육에 들어갔던 것이다.

최한기(崔漢綺)가 제시하는 어린이 교육

"소년 소녀를 가르치는 방법은 마땅히 소학강습(小學講習)을 표준으로 삼아야한다. 그렇지만 아이의 기품(氣稟)과 재기(才器)를 헤아려 밀거나 당기고, 고금(古今)의 차이를 참작하여 더하거나 줄여야 한다.

지나치게 속박(束縛)하지 말면서 아이의 기(氣)를 북돋아주어야 하며, 방자(放恣)하게 내버려 두지 말면서 아이의 기를 격려해야 한다. 노인을 존경하고 윗사람에게 공손하게 함으로써 아이의 기가 어긋나는 것을 억제해야 하며 친구들에게 신실하게 함으로써 아이의 기가 보충되도록 길러주어야 한다. 장래의 쓰임을 고려하여 견문(見聞)을 정밀히 따져 신기(神氣)가 발전하도록 도와야 하고, 자질(資質)에 맞추어 계속 밝히고 익히게 하여 신기(神氣)가 밝아지기를 기다려야 한다. 말을 배우는 것은 문장에 통달하는 것으로써 하고 이치를 조목조목 따지는 것은 산수(算數)를 분석(分析)하는 것으로 한다.

학부형과 스승 그리고 어른들이 아이들을 가르치는 효과는 평생의 경험에서 나온 것이다. 그러니 경험 중에서 가장 중요한 내용을 뽑아 그 어린아이가 일생동안 배양(培養)할 근본으로 뿌리내리도록 해야 한다.

아이가 성장한 뒤의 성공 여부는 그의 능력에 달려 있다. 그렇지만 어려서 제대로 가르치지 않아 아이의 비뚤어진 습관을 그대로 방치하였거나 올바로 지도하지 않아 아이의 자라나는 원기를 손상하게 하였다면 그 책임은 장차 어디로 돌아갈 것인가?

비록 자라면서 지각이 저절로 올바른 길로 나아갈 희망이 있긴 하지만, 먼저 물든 오류(誤謬)는 접촉하는 곳마다 그 진취를 방해할 것이며 어려서의 연약한 기운은 더러움에 오염되기 쉬울 것이다. 이러한 뜻을 아는 사람은 어린이의 기를 잘 배양시켜, 교육으로써 기를 인도하고 학문으로써 기를 키워야 한다. 왜냐하면 장래의 크고 작은 일들을 성취하느냐 마느냐는 모두 기로부터 연유하기 때문이다."

『인정(人政)』, 교인문(敎人門) 1, 동자교(童子敎)

세자는 제왕이 갖춰야 할
예와 실무를 배운다

청소년기의 가정불화로 실패한
교육의 본보기_경종

경종 景宗 (1688~1724) 　조선의 제20대 왕(재위 1720~1724). 숙종의 아들. 어머니는 희빈 장씨(禧嬪張氏). 비(妃)는 청은부원군(靑恩府院君) 심호(沈浩)의 딸 단의왕후(端懿王后). 1690년(숙종 16) 송시열(宋時烈) 등이 반대하는 가운데 세자에 책봉되었으며, 이복동생인 연잉군(延君 : 뒤의 영조)은 노론(老論)의 지지를 받고 그는 소론(少論)의 지지를 받았다. 1717년 대리청정(代理聽政)하였으나, 그해 숙종이 몰래 노론의 이이명(李命)을 불러 세자가 무자다병(無子多病)함을 이유로 그의 즉위 후의 후사는 연잉군으로 정할 것을 부탁한 일이 있어 노·소론이 크게 대립하였다. 1722년 노론이 시역(弑逆)하고 이이명을 추대할 계획을 세우고 있다는 목호룡(睦虎龍)의 고변(告變)이 있자, 노론을 모두 숙청하였다. 이것이 신임사화(辛壬士禍)이다. 이후 소론의 과격파인 김일경 중심의 정권은 노론에 대한 가혹한 탄압을 벌여서 그의 재위 4년 동안은 당쟁(黨爭)의 절정기를 이루었다. 능은 서울 성북구 석관동에 있는 의릉(懿陵)이다.

조선시대의 세자들은 대부분 여덟 살 전후에 책봉되어 왕이 되기까지 평균 23년 정도 기다려야 했다. 이는 10대와 20대를 세자로 보낸다는 뜻이다. 이 시기는 지금의 말로 한다면 10대는 청소년기, 20대는 성인 전기이다. 이중에서 청소년기인 10대는 세자 교육에서도 무척 중요한 시기였다.

예나 지금이나 청소년기는 신체적·정서적으로 과도기다. 신체적으로는 어른의 성징이 나타나며 정서적으로도 어른의 세계관과 가치관을 확실히 세워야 할 때가 청소년기이다. 그러므로 이 시기를 성공적으로 통과하지 못하면 성인이 되어서도 많은 어려움을 겪게 된다.

바꾸어 말하면 청소년기를 잘못 보내게 되면 당장 문제아로 낙인 찍혀 지탄을 받을 수 있고, 나아가 성공적인 성인이 되기도 어렵다는 뜻이다. 청소년기가 이렇게 중요하므로 이 시기에 집중적인 교육을 한다. 지금의 초등학교, 중학교, 고등학교가 모두 청소년기의 교육에 해당한다.

요즘의 청소년 학생들이 교육을 받는 곳은 가정, 학교, 지역사회를 비롯해 다양하다. 이 가운데서 교육은 주로 학교와 가정에서 이루어진다. 그런 의미에서 청소년기의 교육은 학교 교육뿐만 아니라 가정교육도 여전히 중요하다. 학교교육이나 가정교육 어느 하나라도 잘못되면 청소년기의 학생들은 자칫 문제아가 되기 쉽다.

조선시대의 세자들도 마찬가지였다. 청소년기에 해당하는 세자들이 학교와 가정에서 정상적인 교육을 받았을 때는 무난하게 성인으로 성장할 수 있었다. 그렇지 않고 학교교육이나 가정교육에서 큰 문제가 생겼을 때는 요즘처럼 문제아가 되기도 했다.

세자의 학교교육은 서연(書筵)에서 이루어졌는데, 이곳에는 최고의 선생님들이 모여 있었으므로 문제점이 발견되는 경우는 많지 않았다. 반면에 가정교육이라는 면에서 본다면 조선시대 세자들은 최악의 상황을 맞는 일이 꽤 있었다. 정치 상황에 따라 왕비가 쫓겨나기도 하고 후궁이 득세하기도 하는 일이 많았기 때문이다.

이런 상황은 세자의 입장에서 볼 때 부모의 이혼과 재혼 또는 가정불화였다. 청소년기의 아이들에게 이런 문제가 얼마나 악영향을 끼치는지는 굳이 설명이 필요하지 않을 것이다. 부모의 이혼과 재혼으로 말미암아 청소년기의 세자가 문제아로 전락한 사례는 아마도 숙종의 세자였던 경종이 대표적일 것이다.

경종은 유명한 장희빈의 아들이었다. 궁녀 출신인 장희빈이 경종을 낳았을 때 숙종은 스물여덟 살이었다. 나이 서른이 다 되어 첫아들을 본 숙종은 왕비 인현왕후가 있는데도 100일밖에 되지 않은 경종을 원자로 결정했다.

당시 송시열을 비롯한 서인들은 왕비가 젊은데 후궁이 낳은 아들을 너무 일찍 원자로 결정하는 것은 옳지 않다고 반대했다. 숙종은 이들을 모두 역적으로 몰아 처벌했는데 이것이 이른바 기사환국이다. 이 여파로 인현왕후는 폐위되고 희빈 장씨가 왕비 자리에 올랐다. 경종이 태어나자마자 생부 숙종은 본부인과 이혼하고 다른 여성과 재혼한 것이다.

어쨌든 경종의 입장에서는 자신의 생모가 왕비가 되었으므로 나름대로 평안을 유지했다. 세 살에 왕세자에 책봉된 경종은 네 살에 천자문을 배우는 등 세자 교육을 받기 시작했다. 어린 시절 경종은 똑똑하고 효심이 지극했던 것으로 알려져 있다.

그런데 몇 년 되지 않아 숙종은 인현왕후를 다시 입궐시키고 장씨는 희빈으로 강등시켜 버렸다. 이때 경종은 일곱 살이었다. 인현왕후가 경종의 새엄마로 등장한 것이다. 소년기에 막 접어들던 경종 앞에 가정의 풍파가 들이닥치기 시작했다고 할 수 있다.

나아가 경종이 열네 살 되던 해에 숙종은 희빈 장씨를 자진에 처하게 했다. 후궁으로 강등된 장씨가 온갖 술수를 부리면서 인현왕후를 모함했기 때문이다. 일곱 살부터 열네 살이 되던 7년 동안 숙종과 희빈 장씨 그리고 인현왕후 사이의 삼각관계 속에서 경종이 얼마나 곤욕을 치렀을까는 상상이 가고도 남는다. 예컨대 새엄마 인현왕후와 친엄마 장씨 사이에 낀 경종의 처지는 다음과 같았다.

세자의 천성이 지극히 효성스러워 아침저녁으로 내 곁을 떠나지 않으며 사모하고 공경하는 것이 친어머니에게 하는 것보다 낫다. 그가 생모에게 갈 때에는 반드시 나에게 고하여 혼자서 마음대로 하지 않는다. 내가 병든 후 또는 병세가 심한 날에는 생모를 만나러 가겠다고 하지도 않는다. 내가 그 이유를 눈치 채고 가서 생모를 보라고 한 이후에야 가서 만난다.

소문에 세자의 생모가 간혹 귀에다 대고 무슨 말인가를 몰래 한다고 하는데, 그럴 때 세자는 묵묵히 듣기만 하고 대답하지 않다가 매를 맞고 눈물을 흘린다고 한다. 그러니 세자가 더욱 사랑스럽기도 하고 가엽기도 하다.

— 『단암만록(丹巖漫錄)』*

---

* 인현왕후 민씨의 동생인 민진원이 쓴 책이다. 숙종, 인현왕후, 장희빈, 경종, 영조에 관련된 궁중 비사들이 많이 기록되어 있다.

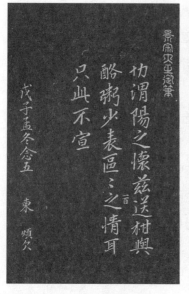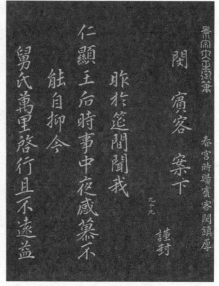

경종어필_ 인천광역시립박물관 소장

　지금 나이로 딱 초등학교 시절에 새엄마와 친엄마 사이에 끼어 이러지
도 저러지도 못하는 경종의 모습이 눈에 선하게 다가오는 듯하다. 그런데
희빈 장씨가 자진한 이후 상황은 더욱 나빠졌다.

　열네 살 나이에 생모가 자진하는 끔찍한 일을 겪은 경종의 충격은 말로
표현할 수 없었을 것이다. 그런 아들의 마음을 달래고 어루만져주어야 할
부왕 숙종은 오히려 경종을 미워하기 시작했다. 희빈 장씨에 대한 미움이
아들에게 옮아간 것이었다. 경종이 조금만 실수해도 숙종은 누구 아들인데
그렇지 않겠느냐고 면박을 주곤 했다. 한창 감수성이 예민할 10대에 아버지
의 냉대와 눈치 속에서 경종은 제대로 자랄 수가 없었다. 경종은 시름시름

병을 앓기 시작하고 정신도 이상 증세를 보이기 시작했다.

그후 세자가 매사에 조금이라도 주상의 뜻에 어긋나면 문득 장씨의 이름을 들먹이며, "누구의 자식인데 어찌 그렇지 않겠는가?" 하면서 성난 목소리로 엄하게 꾸짖었다. 세자는 놀라 어찌할 바를 몰랐다. 이로부터 세자는 이상한 병에 걸려 끝내 국가의 화가 되었는데, 혹자는 놀라고 무서워서 병이 들었다고 하였다.

— 『단암만록』

보통의 아이들도 열네 살에 친엄마를 잃고 이어서 아버지의 냉대와 미움을 받는다면 정상적인 성장을 기대하기 어려울 것이다. 하물며 복잡한 권력 투쟁이 난무하는 궁궐 안의 세자는 정상을 찾기가 더 어려웠다.

경종은 혼자 헛소리를 하거나 실없이 웃는 등 정신 이상이 되었다. 몸도 병에 걸려 정상적으로 자라지 못했다. 어린 시절 똑똑하고 효성스럽던 경종이 청소년기에 가정불화를 겪으면서 문제아로 전락한 것이다. 훗날 경종은 왕이 되어서도 정상적인 역할을 수행하지 못했다.

경종의 사례는 우리들에게 어떤 의미일까? 그것은 청소년기의 아이들에게는 가정의 화목과 부모의 사랑이 절대적으로 필요하다는 점일 것이다. 부모의 관심과 사랑이 없다면 아무리 좋은 학교교육도 청소년기의 아이들을 정상적으로 길러내기 어렵다는 역사적 교훈이라고 할 것이다.

여덟 살 전후에 시작되는 세자 교육

세자에 책봉되기 전에 원자는 두세 살 때부터 바른 말과 바른 행동 그리고 바른 감정을 갖도록 교육받다가 다섯 살이 되면 강학청에서 읽고 쓰기를 배웠다. 이렇게 3년 정도 공부하다가 여덟 살 전후가 되면 세자에 책봉되었다. 세자는 왜 여덟 살 전후에 책봉했을까? 연산군도 이 점을 궁금해했다.

왕이 전교하기를, "우리나라에서는 반드시 일곱 살이나 여덟 살 또는 아홉 살이 되기를 기다려 세자에 책봉한다. 그 이유가 무엇인가?" 하였다. (중략) 예조에서 아뢰기를, "그 이유는 아마도 어느 정도 자라나서 예를 행할 수 있게 되기를 기다렸다가 책봉하기 때문인 듯합니다." 하였다.
— 『연산군일기』 권 42, 8년 1월 계사조

의소세손책봉교명(懿昭世孫冊封敎命)_한국학중앙연구원 장서각 소장

세자가 되면 어린아이들은 행하기 어려운 어떤 예를 행해야 한다는 뜻
이다. 그 예라는 것이 무엇이었을까?

> 좌의정 남곤이 아뢰기를, "세자의 나이가 반드시 여덟 살이 되어야 책봉했던
> 것은 시선(視膳), 문안(問安), 입학(入學)의 예가 있었기 때문입니다." 하였다.
> — 『중종실록』 권38, 15년 1월 병오조

세자가 행하는 시선이란 왕이 들 수라를 살펴보는 것이며, 문안은 아침
저녁으로 왕에게 문안 인사를 하는 것이다. 곧 세자가 되면 왕보다 먼저 일

어나 수라상을 살펴보아야 하고 문안 인사도 해야 한다는 의미다. 어린아이에게는 이런 일이 벅차기 때문에 최소한 여덟 살쯤 되어야 세자에 책봉했던 것이다.

그런데 세자의 예 가운데 입학이라는 것이 또 있었다. 입학은 학교에 들어간다는 뜻인데, 세자는 어느 학교에 들어갔을까? 현재 초등학교에 입학하는 나이도 여덟 살인데, 여덟 살이라는 것이 교육학적으로 특별한 뜻이 있는 것일까?

동양에서는 역사적으로 아이들이 처음 학교에 들어가는 나이를 여덟 살로 했다. 조선시대에는 세자 책봉뿐만 아니라 서당에 입학하는 나이도 대부분 여덟 살이었다. 그런 전통이 지금까지 이어져 초등학교 입학 나이가 여덟 살이 된 것이다.

조선시대 사람들은 세자가 여덟 살에 입학하는 근거로 『대대례』와 『백호통(白虎通)』을 들곤 했다. 『대대례』는 앞에서 설명한 대로 중국 한나라 때 대덕이란 사람이 편찬한 의례서다. 『백호통』은 『한서(漢書)』의 편찬자로 유명한 중국 후한 때의 사람 반고가 편찬한 책이다. 『대대례』에는 아이가 나이 여덟 살이 되면 집 밖의 소학에 나가 공부한다고 했다. 『백호통』에서는 왜 여덟 살에 집을 나가 소학에 입학하는지 다음과 설명하고 있다.

옛날에 나이 열다섯에 대학에 들어간 이유는 무엇인가? 그것은 남자아이는 여덟 살에 유치(幼齒)가 빠지고 영구치가 나오기 시작하며 지식을 갖기 때문이다. 이때 소학에 들어가 글자를 쓰고 수를 계산하는 것을 배운다. 여자아이는 일곱 살에 유치가 빠지고 영구치가 나온다. 여자아이의 일곱 살과 남자아이의 여덟 살을 합친 열다섯에 음양이 갖추어짐으로써 청소년이 되고 의지가 분명해진다. 그러므로 열다섯에 대학에 들어가 경전을 공부한다.
— 『백호통』, 벽옹(辟雍)

남자아이는 여덟 살에 영구치가 나오고 지식을 갖는다는 사실은 동양의학의 상식이었다. 이와 관련하여 『동의보감』에 다음과 같은 내용이 있다.

남자아이는 여덟 살이 되면 신장의 기운이 왕성해지므로 남성으로서의 표시가 생기기 시작한다는 것이다. 요컨대 어린아이의 티를 벗는다는 것인데, 그렇기 때문에 여덟 살에 입학해 본격적으로 교육시켜야 한다는 의미이다. 이로써 남자아이는 부모의 울타리 안에서 보호받던 존재에서 독립된 존재로 거듭나기 시작한다.

그렇다면 원자는 어떨까? 원자는 중전에서 태어나 계속 중전 부근에서 생활했다. 여덟 살이 되면 원자도 부모의 슬하를 떠나야 했다. 그 계기가 바로 세자 책봉이었다. 세자가 되면서 동궁이라는 독립 건물로 옮기기 때문이었다.

동궁의 세자는 더 이상 어린아이로 간주되지 않았다. 세자는 미래의 왕으로서 학업에 충실해야 했다. 그런 면에서 세자 책봉은 청소년기에 들어서는 원자를 본격적으로 교육시키기 위한 통과의례였다고 할 수 있다.

『주역』 '몽괘(蒙卦)'의 아동 교육이론

주역의 64괘 중에서 몽괘(蒙卦)는 아동 교육에 관한 괘로 널리 알려져 있다. 조선시대의 대표적 아동 교육서인 『격몽요결(擊蒙要訣)』, 『동몽선습(童蒙先習)』, 『훈몽자회(訓蒙字會)』 등의 명칭도 몽괘에서 유래하였다.

몽괘는 위에 산을 상징하는 간(艮, ☶)과 아래에 물을 상징하는 감(坎, ☵)으로 구성되었다. 이를 합쳐서 산수몽(山水蒙)이라고 하였다. 몽괘의 괘사(卦辭)[1]와 효사(爻辭)[2]는 조선시대 아동 교육의 기본 사상이었다.

– 몽괘의 모습

☶
☵

– 괘사[3]

몽은 형통하니 내가 동몽을 구함이 아니라 동몽이 나를 구함이니[蒙亨 匪我求童蒙 童蒙求我]

처음 점치거든 알려주고 두 번 세 번 하면 더럽히는 것이라[初筮告 再三瀆]

더럽힌즉 알려주지 말지니 바르게 함이 이로우니라[瀆則不告 利貞].

---

1) 괘 전체의 모습을 풀이한 글인데, 문왕(文王)이 지었다고 알려져 있다.
2) 괘를 이루는 6효(爻)의 각각을 풀이한 글. 효는 맨 아래부터 위로 순서를 정하여 초(初), 2, 3, 4, 5, 상(上)이라고 한다. 이때 양효(陽爻)는 9, 음효(陰爻)는 6으로 표시한다. 다만 처음은 초(初), 끝은 상(上)이라고 하였다. 예컨대 처음의 효가 양효이면 초구(初九)이고, 두 번째 효가 음효이면 육이(六二)라고 하는 식이다. 주공(周公)이 지었다고 알려져 있다.
3) 몽괘에 대한 해석은 김석진(金碩鎭)의 『대산 주역강의』에서 인용하였다.

-괘사 강의

교육이란 본래 형통한 것입니다. 어린 것이 길러지는 때이고 가르침을 받아 본성을 회복하게 되므로 당연히 형통한 것일 수밖에요. 몽괘의 괘사는 교육하는 괘이므로 가르치는 스승을 위주로 설명하고 있습니다. 그래서 '스승인 내가 가르칠 동몽(어린 제자)을 구하는 것이 아니고 배워야 할 동몽이 나를 구해야 하는 것이다.'라고 하였습니다. 교육은 본래 제자가 스승을 찾아 가르침을 구하는 진실한 마음과 자세에서 비롯되는 것이죠.

가르침을 구함에 있어 순진한 마음과 지극한 정성 없이 스승을 믿지 않고 자꾸 의심을 품으면 안 되므로, 제자가 처음 물어보았을 때에는 가르쳐주되 옳게 가르쳐주었는데도 공연히 의심을 품고 두세 번 거듭해서 물어보면 알려주지 말아야 합니다.

- 초육(初六) 효사

초육은 몽을 발육하되 사람에게 형벌함을 써 질곡을 벗김이 이로우니, 형벌로써만 해나가면 인색하리라[初六 發蒙 利用刑人 用說桎梏 以往吝].

- 초효 강의

내괘가 어두운 밤에 해당하는 감중련(☵)인 데다 맨 아래에 처한 까닭에 초육 음은 심히 어둡고 무지한 상태입니다. 그렇지만 스승인 구이(九二) 바로 밑에 있는 까닭으로 구이에 의해 초육이 계몽(啓蒙) 교화됩니다.

우매한 초육을 깨우치기 위해[發蒙] 구이가 처음에는 위엄을 갖추고 죄인을

다루듯 엄격하게 가르치다가[利用刑人] 점차 수갑을 풀어주듯 부드러운 방식
으로 취해나가는[用說桎梏] 것이 올바른 교육법입니다.

– 구이(九二) 효사

구이는 몽을 감싸면 길하고 지어미를 받아들이면 길하리니, 자식이 집을 다
스리도다[九二 包蒙吉 納婦吉 子克家].

– 구이 강의

구이는 양으로써 하괘의 중(中)을 얻은 상태이므로 강명한 재능과 중용의 덕
을 갖춘 스승이라 할 수 있으며, 뭇 음을 기르므로 몽의 주효(主爻)가 됩니다.
구이가 교육적인 측면으로는 상응하는 육오(六五)뿐만 아니라 초육, 육삼, 육
사를 포용하여 교화하면 길하고[包蒙吉], 남녀관계로는 상응하는 관계인 유순
한 육오를 아내로 맞이하면 길하게 됩니다[納婦吉]. 또한 가정을 중심으로 살
피면 오효는 부모, 이효는 자식에 해당하는 자리이므로 육오의 신임을 받아
구이가 능히 집안을 다스리는 격입니다[子克家].

– 육삼(六三) 효사

육삼은 여자를 취하지 말지니, 돈 있는 사내를 보고 몸을 두지 못하니 이로울
바가 없느니라[六三 勿用取女 見金夫 不有躬 无攸利].

– 육삼 강의

육삼은 음으로써 양의 자리에 있기에 실위(失位)하고 있어 중(中)을 잃고 행실
이 바르지 못한 여자라 할 수 있으므로 취하지 말아야 합니다[勿用取女]. 양

강한 구이를 탄 까닭에 구이[金夫]에 마음을 두어 몸을 지키지 못하니 불순하여 이로울 바가 없는 것이죠[見金夫 不有躬 无攸利].

– 육사(六四) 효사

육사는 곤궁한 몽이니, 인색하도다[六四 困蒙 吝]

– 육사 강의

육사는 제자리를 얻고 있으나 초육과 응하지 못하고 양효인 구이나 상구(上九)와도 멀리 떨어져 있는 관계로 곤궁한 처지입니다[困蒙]. 공부하는 과정으다[吝].

– 육오(六五) 효사

육오는 어린 몽이니, 길하니라[六五 童蒙 吉]

– 육오 강의

육오가 인군의 자리에 처하여 중(中)을 얻고 있으나 유약하므로 아래의 강명득중한 구이에 순응하여 도움을 받아야 합니다. 윗자리에 있으면서 아래에 있는 스승[九二]의 가르침을 받아 공손히 좇으니 수제자[童蒙]가 되고 또한 길합니다[吉].

– 상구(上九) 효사

상구는 몽을 침이니, 도적이 됨이 이롭지 아니하고 도적을 막음이 이로우니라[上九 擊蒙 不利爲寇 利禦寇].

- 상구 강의

상구는 강이 가장 윗자리에 처해 있고 상괘 간(艮, ☶)의 주효(主爻)로서 후
중히 그치는 덕이 있습니다. 그래서 안으로는 유약한 음들을 엄하게 하여 도
적에 물들지 않게 하고 밖으로는 도적을 막는 역할을 해야 하므로 격몽(擊蒙)
이라고 하였습니다. 격몽하는 상구 자신이 나쁜 사람이 되지 말고[不利爲寇]
남들이 나쁜 사람이 되지 않도록 막아야 하는 것이죠[利禦寇].

세자의 입학식

자녀가 초등학교에 들어갈 때가 되어 취학 통지서를 받게 되면 아이뿐
만 아니라 부모의 마음도 설렌다. 어리게만 보이던 아이가 어느새 자라 학
교에 간다는 사실이 뿌듯하기도 하고, 또 학부모가 된다는 것이 뭔가 어색
하기도 하다. 물론 아이의 입장에서도 낯선 초등학교에 간다는 부담이 적지
않을 것이다.

초등학교 입학식은 이런 저런 불안감과 기대감에 들뜬 학부모와 학생
들이 선생님과 처음으로 만나는 날이다. 이날 선생님은 학생들과 학부모들
에게 희망과 믿음을 주는 말씀을 하신다. 선생님의 인상을 보고 또 말씀을
들으면서 학부모와 학생들은 불안한 마음을 가라앉히기도 한다.

이것이 요즘 초등학교 입학식에서 볼 수 있는 모습일 것이다. 그런데

이런 광경은 근본적으로 의무교육 제도로부터 나타났다. 의무교육 제도가 없다면 취학 통지서가 있을 수 없다. 정해진 입학식 날에 학생들과 학부모들이 모여 선생님의 말씀을 듣는 일도 없다.

조선시대는 의무교육 제도가 없던 시대다. 이런 시대에 학생은 선생님과 첫 만남을 어떻게 가졌을까? 그에 앞서 처음에 어떻게 학생과 선생님의 관계로 맺어질까?

조선시대에는 학생이 선생님으로부터 가르침을 받으려면 먼저 허락을 받아야 했다. 선생님을 찾아가 제자로 받아주실 것을 요청하는 것이다. 만약 선생님이 거절하면 사제 관계는 맺어지지 않는다. 학생이 선생님으로부터 가르침을 허락받기 위해서는 정중한 예를 차려야 했다. 예물도 필요했다. 예물은 비단과 술 그리고 안주로 쓸 포였다.

학생이 준비한 예물을 드리고 정중하게 가르침을 요청할 때 선생님은 제자로 거둘 것을 허락한다. 그 순간부터 사제 관계가 되어 학생은 선생님의 문하에 입학한다. 요컨대 조선시대의 입학식이란 선생님을 찾아가 가르침을 요청하는 의식이라 할 수 있다. 그때 예물을 드리면서 요청한다고 하여 속수의(束脩儀)라고도 했는데, 속(束)은 묶은 비단이란 뜻이고 수(脩)는 술안주로 쓰는 포라는 뜻이었다.

그러면 세자는 어땠을까? 장차 왕위에 오를 세자는 어느 선생님에게 가르침을 요청했을까? 세자는 어떤 예물을 마련하고 어떤 예를 차렸을까?

결론적으로 말한다면 세자는 성균관의 선생님에게 가르침을 요청했다. 당시 최고의 국가 교육기관이 성균관이었으므로 이곳의 선생님에게 가르침을 요청했던 것이다. 이같은 의식을 성균관입학의(成均館入學儀)라고 했다. 다만 성균관에서는 입학식만 행하고 실제 공부는 동궁에서 했다는 점을 유의할 필요가 있다.

조선시대 성균관에서 입학식을 행한 최초의 세자는 훗날의 양녕대군이었다. 이후 세자의 입학식은 점점 자세하게 정비되어 『국조오례의(國朝五禮儀)』*에 실릴 정도로 중요한 국가전례로 자리 잡았다.

세자의 입학식은 조선에서의 유교의 위치 그리고 제자와 스승의 관계를 상징적으로 보여준다. 그것은 세자의 입학식이 공자를 비롯한 유교 성인들에 대한 제사 그리고 성균관 박사에게 가르침을 요청하는 의식의 두 가지 절차로 이루어졌기 때문이다. 제사는 성균관 대성전에서 이루어졌고, 가르침을 요청하는 의식은 성균관 학당에서 행해졌다.

장차 조선의 왕이 될 세자가 대성전에서 유교 성인들에게 몸소 제사를 지내는 것은 유교가 조선의 국시임을 상징하는 행사였다. 아울러 세자가 학당에서 성균관 박사에게 가르침을 요청하는 의식은 당시 스승에 대한 예의가 어떤 것이었는지, 가르침을 주시는 스승을 어떻게 생각하였는지를 잘 보여준다.

세종 30년(1448) 9월 1일 훗날 단종이 되는 왕세손이 성균관에서 입학식을 거행했다. 당시 왕세손의 선생님은 성균관 박사 윤상이라고 하는 사람이었다.

하루 전에 담당 관서에서는 성균관의 대성전과 학당 안팎을 청소한다. (중략)

---

* 조선 성종 대에 완성된 국가의례서. 길례(吉禮), 가례(嘉禮), 빈례(賓禮), 군례(軍禮), 흉례(凶禮)의 다섯 가지로 되어 있어 오례라고 한다.

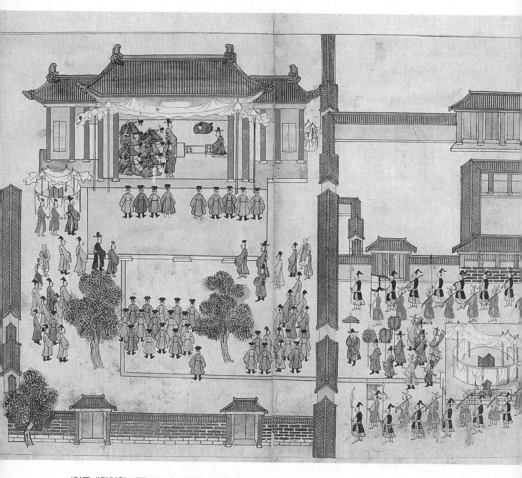

〈익종대왕입학도(翼宗大王入學圖)〉_ 서울대학교 규장각 소장
익종이 세자에 책봉되고 성균관에 입학할 때의 그림이다.

왕세손이 대성전 건물 밖에서 네 번 절을 올린다. (중략) 왕세손이 대성전 안의 공자 신위 앞에 나가 꿇어앉는다. 예식을 돕는 사람이 향로와 향합을 받들어 올린다. 세 번 향을 올리기를 요청하면 예식을 돕는 사람이 공자 신위 앞에 향로를 놓고 왕세손이 세 번 향을 올린다. 예식을 돕는 사람이 술잔을 받들어 올린다. 술을 올리기를 요청하면 예식을 돕는 사람이 공자 신위 앞에 술잔을 놓고 왕세손이 술을 올린다. (중략) 안자, 증자, 자사, 맹자의 신위 앞에서도 동일한 의식을 행한다. (중략)

속수의(束脩儀)

왕세손이 학생복을 입고 학당 문 밖에 도착한다. 비단 3필, 술 2되짜리 1병, 포 한 꾸러미를 준비한다. (중략)

왕세손 : 아무개가 바야흐로 선생님께 학업을 받으려고 감히 뵙기를 요청합니다.

말을 전하는 사람이 들어가 성균박사 윤상에게 전한다.

윤상 : 아무개는 부덕합니다. 청하건대 왕세손께서는 욕됨이 없도록 다른 사람에게 학업을 받으십시오.

말을 전하는 사람이 나와서 왕세손에게 전한다.

왕세손이 이같은 말로 다시 간곡하게 요청한다.

윤상 : 아무개는 부덕합니다만 왕세손이 공부하러 들어오시겠다면 감히 만나겠습니다.

말을 전하는 사람이 나와서 왕세손에게 전한다.

왕세손 : 아무개가 감히 손님의 예로 뵐 수 없습니다. 아랫사람의 예로 만나

주시기를 청합니다.

말을 전하는 사람이 들어가 박사에게 전한다.

윤상 : 아무개가 사양하여도 되지 않으니, 감히 따르지 않겠습니까?

말을 전하는 사람이 나와서 왕세손에게 전한다.

왕세손은 비단이 든 광주리를 들고 학당 안으로 들어간다.(중략)

왕세손이 꿇어앉아서 광주리를 놓고 두 번 절한다.

성균박사 윤상은 두 번 답배한다.

왕세손은 돌아서서 피하였다가, 다시 나아가 꿇어앉아서 광주리를 잡는다.

예식을 돕는 사람이 왕세손을 인도하여 박사 윤상 앞에 나가 동쪽을 향하도록
한다.

왕세손이 폐백인 비단을 드리고 예식을 돕는 사람은 술과 포를 드린다.

박사는 폐백, 술, 포를 받아서 예식을 돕는 사람에게 전해준다.(중략)

『소학』을 강학하는데, 보통의 방식대로 한다.

강학이 끝나면 의식을 돕는 사람이 왕세손을 인도하여 밖으로 나온다.

— 『세종실록』 권 121, 30년 8월 신사조

　　세자가 이처럼 복잡한 입학식을 치르려면 너무 어려도 안 되겠다는
생각이 절로 든다. 여덟 살 정도에 세자 책봉례를 행하는 까닭이 여기에
있었다.

　　입학식에서 주목되는 것은 장차 왕위에 오를 세자도 스승에게 깍듯한
예절을 차린다는 점이다. 가르침을 요청할 때, 이를 허락받고 처음 스승을
만날 때, 가르침을 받을 때, 세자는 제자로서 스승에게 최고의 예의와 존경

을 표시했다. 그것은 사람을 길러주는 스승은 돈이나 권력보다 더 고귀한 존재라는 뜻일 것이다. 조선시대 세자의 성균관 입학식은 스승에게 최고의 존경심을 갖고 있던 우리 조상들의 마음이 그대로 나타난 것이라 할 수 있다.

세자의 하루 일과

요즘의 초등학생들은 아침에 일어나자마자 부모님께 인사하기, 세수하기, 밥 먹기, 가방 싸기 등등으로 바쁘다. 학교가 끝난 후 오후쯤에 집에 돌아오지만 집에서 노는 일은 별로 없다. 대부분 학원으로 직행하였다가 어둑해져서야 돌아온다.

놀랍게도 조선시대 세자의 하루 일과는 요즘의 초등학생들과 매우 비슷하다. 하루종일 공부만 했다는 것이다. 다른 점이 있다면 효도 차원에서 행하는 몇 가지 의례가 더 있었다는 점이다. 세자의 일과는 기본적으로 『예기』 문왕세자편(文王世子篇)을 모델로 했다. 문왕이 세자였을 때 했던 하루 일과가 그대로 조선시대 세자의 일과가 되었다.

문왕이 세자였을 때에 문왕은 아버지께 하루 세 번씩 문안하였다.

문왕은 닭이 처음 울면 잠자리에서 일어나 옷을 입고 아버지께서 주무시는 건물로 갔다. 문왕은 건물 밖에 있는 시종에게 '오늘 아버님의 안부는 어떠신가?' 하고 물었다. 시종이 '편안하십니다.'라고 대답하면 문왕은 기뻐하였다. 정오에 문왕은 또 그렇게 하였으며, 해가 지면 또 그렇게 하였다.

만약 아버지의 몸이 불편하다는 소식을 들으면 문왕의 안색에 근심이 어렸으며 행동도 안절부절못하였다. 문왕은 아버지께서 회복되었다는 소식을 들은 후에야 다시 평정을 찾았다.

문왕은 아버지께 음식을 올릴 때는 반드시 음식이 차고 더운가를 살폈다. 아버지께서 음식을 다 드시고 상을 물릴 때는 요리사에게 아버지께서 무슨 음식을 드셨는지를 묻고, 아울러 같은 음식은 다시 올리지 말게 하였다. 문왕은 요리사가 그렇게 하겠다는 대답을 하고 난 뒤에야 물러났다.

— 『예기』 문왕세자편

위의 내용이 이른바 조선시대 세자가 행했다는 문안과 시선이다. 다만 문왕은 하루에 아침, 점심, 저녁 세 차례 문안을 했지만 조선시대의 세자는 아침 문안과 저녁 문안만 했다는 점에서 달랐다. 세자의 아침 문안과 저녁 문안이 이른바 혼정신성(昏定晨省)이었다. 아침에는 잘 주무셨는지 여쭙고 저녁에는 편안히 잠자리에 드실 것을 문안하는 것이었다. 문안 인사와 함께 세자는 왕에게 올라가는 수라상의 음식들을 살펴보아야 했다. 시선이 그것인데 음식을 살펴본다는 뜻이다.

문안과 시선을 하기 위해서는 새벽같이 일어나야 했다. 동궁에 따로 사

敬謂閉陳
　邪善
　之
甲申正月三十日

東宮手翰
正宗

정조가 열두 살 때 쓴 글씨_국립중앙박물관 소장

는 세자는 새벽에 일어나 세수하고 옷을 차려입은 뒤 왕이 잠을 자는 곳으로 가서 아침 문안을 했던 것이다. 또한 왕에게 올라가는 아침 수라상의 음식이 제대로 되었는지도 살펴보아야 했다. 만약 세자가 혼인을 했다면 세자빈과 함께 문안과 시선을 했다.

문안과 시선은 글로 하는 공부가 아니라 몸으로 행하는 효도라 무척 중요하게 생각했다. 만약 세자가 문안과 시선을 제대로 하지 않으면 불효자로 간주되었다. 여덟 살 전후한 어린 세자가 날마다 문안과 시선을 하기 위해 어스름한 새벽에 왕의 침전으로 가는 모습을 상상해보면 측은한 생각이 들기도 한다. 저녁에도 또 그렇게 해야 하니 세자의 하루 일과가 결코 만만한 것이 아니었다고 할 수 있다.

아침 문안과 시선이 끝난 뒤에 세자는 동궁으로 돌아와 아침 식사를 하게 된다. 아침 식사 뒤에는 조강이라 하는 오전 공부를 했다. 이어 점심 식사 뒤에는 낮 공부인 주강을 했고 계속해서 오후 공부인 석강까지, 오전부터 오후까지 공부의 연속이었다. 이렇게 공부하다가 저녁에 다시 왕의 침전으로 가서 문안과 시선을 하고 돌아와 저녁을 먹고 잠자리에 들었다.

세자에 책봉되었을 때는 여덟 살 전후인데, 이렇게 벅찬 일과를 소화해 낸다는 것이 놀랍기만 하다. 무리다 싶을 정도로 느껴지기도 한다. 일부러 꾀병을 부리거나 공부를 소홀히 하는 세자가 나왔던 까닭은 이처럼 벅찬 일과에 그 이유가 있었다는 생각도 든다.

세자의 일과가 무리하다 싶게 짜여진 근본 원인은 공부 말고도 문안, 시선이 더 있었기 때문이다. 조선시대의 세자는 아침 일찍 일어나 공부하는 것이 이미 원자 시절부터 생활화되어 있었다. 예컨대 정조의 원자가 일곱 살이었을 때의 모습을 『조선왕조실록』에서는 다음과 같이 전하고 있다.

> 좌의정 채제공 : 회의를 시작한 지 이미 두어 시간이 지났는데도 원자는 마치 심어 놓은 나무처럼 단정하게 앉아 눈 한번 돌리지 않고 있으니 『소학』의 공부가 이미 이루어졌다고 하겠습니다.
> 정조 : 삼경(밤 11시~새벽 1시)이 지나야만 잠자리에 들며 날이 채 밝기도 전에 일어나 세수하고 머리 빗고 꿇어앉아 응대하는 것이 습관화되어 있다. 이것은 내가 가르쳐서 그런 것이 아니고 우리 왕조의 가풍이 원래 그렇다.
> ─『정조실록』 권 45, 20년 11월 을축조

원자 시절부터 아침 일찍 일어나 공부하는 것이 생활화되어 있는 세자에게는 문안, 시선, 공부가 그렇게 벅차기만 한 일과가 아니었다. 비록 여덟 살 정도밖에 되지 않았다고 하더라도 이 정도 일과는 충분히 소화할 수 있었다. 조선시대 세자의 일과는 귀할수록 근면하고 부지런하게 교육시켰던 당시 사람들의 깊은 뜻을 잘 보여준다고 하겠다.

세자를 위한 교육 시설과 선생님

조선시대에는 세자 교육을 위해 시설과 선생님들에게 아낌없이 투자했다. 세자를 위한 교육 시설 투자는 이른바 동궁 건물에 대한 투자였다.

동궁은 교육환경 쪽에서 본다면 기숙 시설을 갖춘 학교였다. 실제로 동궁의 공간 구조는 세자의 생활 공간, 교육 공간, 도서관 그리고 선생님들의 근무 공간으로 나뉘어 있었다. 학교로 친다면 기숙사, 교실, 도서관, 교무실이다.

동궁의 중심 공간은 세자가 생활하는 기숙사 그리고 공부하는 교실이었다. 이 중심 공간 바깥쪽에 선생님들이 근무하는 교무실과 도서관이 있었다. 예컨대 창덕궁에서 동궁으로 이용된 저승전, 낙선당, 시민당, 춘방 같은 건물을 볼 때 저승전은 기숙사, 낙선당과 시민당은 교실, 춘방은 교무실과 도서관에 해당되었다.

세자는 동궁 안에 기숙 시설이 있으므로 동궁 안에서 먹고 자는 것을
해결했다. 기숙사 바로 옆에는 교실이 있었다. 그러므로 세자는 먹고 자고
또 학교에 가는 데 들어가는 시간을 줄일 수 있었다. 아울러 교육에 필요한
도서관을 함께 만들어 필요한 책을 수시로 찾아볼 수 있게 했다. 이같은 동
궁의 건물 구조는 효율적으로 세자를 가르치기 위한 배려라고 할 수 있다.

그러나 조선시대 세자 교육의 핵심 투자는 역시 선생님에 대한 투자였
다. 최고의 선생님들을 확보해 세자 교육을 맡겼다는 뜻이다. 실력과 인품
이 뛰어난 선생님들을 확보하려면 그에 합당한 처우를 보장하고 자긍심도
갖게 해야 한다. 조선시대 세자의 선생님들이 그랬다. 자타가 공인하는 당
대 최고의 인재들과 당대 최고의 권력자들이 세자의 선생님이었다.

세자의 선생님들은 시강원(侍講院)이란 곳에서 근무했다. 이 시강원이
바로 선생님들이 근무하는 교무실로서 세자의 생활 공간 가까이 있었다. 시
강원의 업무에 대해 조선시대의 헌법인 『경국대전』에는 다음과 같이 규정
하고 있다.

세자를 모시고 경전과 역사책을 학습시키며 도덕과 의리를 올바로 계도하는
일을 담당한다. 모두 문관을 쓴다. 부빈객(副賓客) 이상은 다른 관청의 관원으
로 겸임하게 한다.
— 『경국대전』 이전(吏典), 세자시강원

시강원의 선생님들은 전임 선생님과 겸임 선생님의 두 종류로 나뉘어

있었다. 곧 부빈객 이상은 겸임 선생님이고 그 이하는 전임 선생님이었다.

겸임 선생님은 양반 관료의 수뇌들이었다. 영의정이 겸임하는 사(師) 한 명, 좌의정이나 우의정 가운데 겸임하는 부(傅) 한 명, 종1품의 찬성이 겸임하는 이사(二師) 한 명, 정2품이 겸임하는 좌빈객(左賓客) 한 명과 우빈객(右賓客) 한 명, 종1품이 겸임하는 좌부빈객(左副賓客) 한 명과 우부빈객(右副賓客) 한 명이 겸임 선생님들이었다. 이들은 지금으로 보면 국무총리, 부총리, 각부 장관에 해당하는 사람들이었다.

양반 관료의 수뇌들을 세자의 겸임 선생님으로 한 까닭은 무엇일까? 그것은 현장의 경험과 목소리를 교육에 반영하자는 의도였다. 경전과 역사책만으로 이루어지는 교육은 자칫 이론으로만 흐를 수 있었다. 이를 막으려면 현장에서 실무를 맡고 있는 노성한 경험자들의 생생한 목소리가 필요하였다.

세자의 겸임 선생님들이 바로 그런 역할을 맡았다. 사실 영의정이나 좌의정 또는 우의정은 국정 업무로 바쁜 사람들이다. 그 바쁜 와중에 세자의 교육까지 맡게 한 까닭이 여기에 있었다. 그런데 겸임 선생님들은 각자의 업무가 따로 있으므로 한 달에 두세 번밖에 시간을 내지 못했다. 이에 따라 세자 교육은 전임 선생님들이 주로 맡아 하게 되었다.

시강원의 전임 선생님들은 종3품의 보덕(輔德) 한 명, 정4품의 필선(弼善) 한 명, 정5품의 문학(文學) 한 명, 정6품의 사서(司書) 한 명, 정7품의 설서(說書) 한 명 등 모두 다섯 명이었다. 조선 후기에는 추천을 받아 임명되는 정3품의 찬선(贊善) 한 명, 정4품의 진선(進善) 한 명이 추가되기도 했다.

이들 전임 선생님들은 기본적으로 문과에 합격한 실력자들이었다. 게

〈회강반차도(會講班次圖)〉_ 서울대학교 규장각 소장
회강은 매월 초하루와 보름에 사부 이하의 세자 선생님들이 모두 모여서 교육하는 것이다.

다가 가문도 좋고 30대에서 40대 정도의 젊은 나이였다. 겸임 선생님들이 노성한 경험자들임에 비해, 이들 젊은 선생님들은 이상에 불타는 원칙주의 자들이 많았다. 세자에게 이론과 실제 그리고 이상과 현실을 균형 있게 가르치고자 하는 것이 바로 전임 선생님과 겸임 선생님의 제도였다고 할 수 있다.

선생님들은 품계로 구별될 뿐 특정한 전공과목이 따로 없었다. 그러므로 세자의 선생님들은 모든 과목을 가르칠 수 있었다. 선생님들은 순서를 정해 번갈아가면서 유교 경전과 역사책을 가르쳤다. 보통은 경전과 역사책을 같이 교육했다. 경전은 이론이라는 측면에서, 역사는 구체적인 사례와 실증이라는 면에서 이용했다.

경전과 역사책을 가르치다가 해당 책이 끝나면 다음 책으로 넘어갔다. 이때 세자에게 어떤 책을 가르칠지는 왕과 시강원의 선생님들이 의논해 결정했다. 사서삼경과 같은 책은 한번 교육이 끝났어도 또다시 교육시키곤 했다. 유교 교양을 습득하는 데 필요한 경전과 역사책을 되풀이해서 교육하는 것이 효과적이라는 생각에서였다.

교과 과정이라는 면에서 본다면 세자는 특별하게 시한을 정하는 일이 없었다. 곧 어떤 책을 어느 기간에 끝낸다고 하는 예상이 불가능했다. 그것은 다음 교과서로 어느 책이 선정될지도 알 수 없을 뿐만 아니라, 책을 끝내는 데 들어가는 시간도 전적으로 그 책의 분량에 달려 있었기 때문이었다. 그러므로 조선시대 세자가 교육받은 책의 종류와 그 책을 교육받는 데 들어가는 시간은 세자마다 차이가 났다. 예컨대 정조가 세손이었을 때 학습한 교과목과 걸린 시간은 다음과 같았다.

『효경』, 『소학초략』 — 영조 31년(1755) 1월 21일부터 영조 32년 10월 14일까지

『동몽선습』 — 영조 32년(1756) 10월 14일부터 영조 34년 4월 4일까지

『소학』 — 영조 34년(1758) 4월 7일부터 영조 36년 6월 23일까지

『대학』 — 영조 36년(1760) 6월 25일부터 영조 36년 8월 29일까지

『논어』 — 영조 36년(1760) 8월 30일부터 영조 37년 11월 4일까지

『사략』 — 영조 37년(1761) 6월 27일부터 영조 40년 12월 5일까지

『맹자』 — 영조 38년(1762) 11월 8일부터 영조 39년 11월 1일까지

『중용』 — 영조 39년(1763) 11월 7일부터 영조 40년 3월 14일까지

『서경』 — 영조 40년(1764) 4월 14일부터 영조 41년 8월 10일까지

『강목』 — 영조 40년(1764) 12월 4일부터

『시경』 — 영조 41년(1765) 8월 20일부터 영조 44년 7월 27일까지

『맹자』 — 영조 44년(1768) 8월 7일부터 영조 45년 2월 3일까지

『대학』 — 영조 45년(1769) 2월 12일부터 영조 45년 3월 6일까지

『논어』 — 영조 45년(1769) 3월 12일부터 영조 45년 12월 14일까지

『중용』 — 영조 46년(1770) 1월 6일부터 영조 46년 2월 21일까지

『서경』 — 영조 46년(1770) 2월 26일부터 영조 46년 윤5월 16일까지

— 『시강원지(侍講院志)』 권 1, 진강년월(進講年月)

세자 교육의 중심은 시강원의 선생님들이 담당하는 문과 교육이었지만, 이것이 전부는 아니었다. 유교 경전이나 역사 말고도 세자는 음악과 무용, 미술, 말 타기, 활쏘기 같은 예체능 교육도 받았다.

음악과 무용은 제사, 연회 같은 유교 의례에 필요한 교양이었으며, 말

타기나 활쏘기는 최고지도자로서 당연히 갖추어야 할 교양이었다. 세자의 예체능 교육은 시강원의 선생님 말고 익위사(翊衛司)와 관련 전공자들이 맡았던 것으로 보인다. 예컨대 익위사는 세자의 호위를 담당하는 무사들이었으므로 활쏘기나 말 타기를 가르칠 수 있었다. 이처럼 세자 교육의 핵심은 젊은 선생님들과 노성한 선생님들을 고루 모시고 이상과 현실을 적절하게 조화시키도록 가르치는 데 있었다.

세자가 수업하는 모습

　요즘 초등학교나 중학교 또는 고등학교에서 수업하는 모습은 어떨까? 시작종이 울린 후 선생님이 교실 문을 들어서면 뛰놀던 아이들은 자기 자리를 찾아가 앉고 시끄럽던 교실은 갑자기 조용해진다. 선생님이 교단으로 올라가면 반장이 일어나 선생님께 경례를 시킨다. 이어서 선생님이 교과서를 펴고 수업 진도를 나간다. 수업이 끝나면 선생님은 학생들의 인사를 받고 교실 밖으로 나간다.

　인사하는 모습과 수업 내용은 다르지만 조선시대 세자가 수업하는 모습도 오늘날과 거의 비슷했다. 세자도 수업 시간마다 선생님에게 인사를 하고 진도를 나갔으며 수업 후에 다시 인사를 했다.

　조선시대 세자가 받는 수업은 두 가지였다. 전임 선생님에게 받는 수업

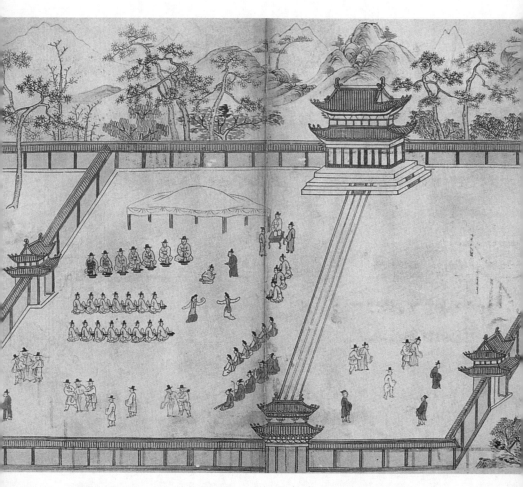

〈서연관사연도(書筵官賜宴圖)〉_ 서울대학교 규장각 소장
서연관들에게 잔치를 베풀어주는 그림이다.

과 겸임 선생님에게 받는 수업이었다. 세자는 전임 선생님에게 하루 세 차례 수업을 받는 데 비해 겸임 선생님에게는 한 달에 두세 차례 정도의 수업만 받았다. 그러므로 세자의 수업은 대부분 전임 선생님들이 담당했다고 할 수 있다. 세자가 전임 선생님들에게 받는 수업을 서연(書筵)이라고 불렀다.

서연이 이루어지기 위해서는 먼저 세자와 선생님들이 교실에서 만나야 했다. 그 교실은 세자가 생활하는 건물과 선생님들이 근무하는 교무실 중간쯤에 있었다. 그런데 당시의 교실이라는 것이 지금의 교실과는 전혀 다른 구조를 갖고 있다는 사실을 알 필요가 있다. 곧 교실은 전통 한옥 구조로 되어 있었다.

지금의 교실 구조에서는 학생들이 자기 자리에 앉아 조용히 선생님을 기다리면 된다. 그런데 전통 한옥은 건물의 구조도 다르고 보통의 경우에 의자도 없다. 그렇다면 전통 한옥 구조에서 학생은 어디서 선생님을 기다렸을까? 대문 밖에서 기다렸을까? 방문 밖에서 기다렸을까? 아니면 방 안에서 기다렸을까? 어디에서 기다리는 것이 스승에 대한 제자의 도리였을까? 기다릴 때는 앉아 있었을까 아니면 서 있었을까?

이처럼 복잡한 논란이 일어나는 것을 막기 위해 서연을 행하는 예절을 아예 정해 놓았다. 이것을 서연진강의(書筵進講儀)라고 했다. 세자는 수업이 있을 때마다 다음과 같이 이 예절을 행하여야 했다.

세자가 앉을 의자를 교실의 동쪽 벽 아래에 서쪽을 향하도록 설치한다. 선생님들이 앉을 의자를 교실 서쪽 벽 아래에 동쪽을 향하도록 설치한다. 선생님들 자리는 북쪽이 상석이다. (중략) 세자가 평상복 차림으로 교실에 들어가 기다린다. 선생님들이 대문 밖 서쪽에서 동쪽을 향하고 선다. 세자는 교실에서 나와 동쪽 계단을 통해 내려와 서쪽을 향해 선다. 선생님들이 대문 안으로 들어와 서쪽 계단을 통해 교실로 들어간다. 세자는 선생님들 뒤를 따라 동쪽 계단을 통해 교실로 들어간다. 선생님들이 자리에 가서 선다. 세자는 자기 자리에 가서 머리를 조아리고 두 번 절한다. 선생님들도 머리를 조아리고 두 번 답배한다. 선생님들이 자리에 앉는다. 세자가 자리에 앉으면 앞에 책상을 놓는다. 세자는 이전에 공부한 내용을 외운다. 선생님들이 새로운 내용을 수업한다. 수업이 끝나면 선생님이 먼저 나간다. 세자는 뒤따라 나와서 동쪽 계단 아래에 선다. 선생님들이 대문을 나가면 세자는 안으로 들어간다.

— 『세종실록』 권 132, 오례(五禮) 가례의식(嘉禮儀式) 서연진강의(書筵進講儀)

세자와 선생님들은 교실에서 동쪽과 서쪽 의자에 마주 앉아 수업했다. 수업할 부분을 선생님이 먼저 읽고 세자가 따라 읽는 방법으로 수업이 이루어졌다. 이어서 선생님들이 방금 읽은 내용을 해설해 주었다. 선생님의 설명 이후에 물어볼 내용이 있으면 세자는 묻고 선생님들이 대답했다. 묻고 답하는 시간이 끝나면 수업한 내용을 되풀이해서 읽고 또 읽어 외우게 했다.

수업 평가는 선생님들이 일정한 기간마다 왕에게 보고하는 서도(書徒)를 통해 이루어졌다. 서도는 세자의 수업 성취를 대략 세 단계로 나누었다. 이 서도를 통해 왕은 세자의 학업 진도, 학업 성취도 같은 것을 파악할 수 있었다.

세자의 수업 시간과 수업 분량에 관한 기본 학칙은 태종 때에 정해졌다. 조선시대의 세자들은 이 학칙에 따라 수업을 받았는데, 그 내용은 다음과 같았다.

서연관들이 세자의 수업에 관한 학칙을 보고했다. '날마다 해가 뜰 때 수업을
시작한다. 선생님들은 세자에게 차례로 돌아가며 수업을 하는데, 경전과 역사
책을 3장씩 또는 2장씩 수업하여 10차례에 이르도록 되풀이해 읽게 한다. 오
후 수업도 오전과 마찬가지로 10차례 또는 5차례 이르도록 되풀이해서 읽게
한다. 수업은 신시(오후 3~5시)까지 하고 마친다.

— 『태종실록』 권 26, 13년 9월 을유조

조선시대 세자의 수업은 내용 못지않게 예절이 중요한 부분을 차지하
고 있었다. 세자는 수업을 할 때마다 방 밖에서 선생님들을 맞이하고 방안
에 들어와 두 번 절을 올려야 했으며 수업 이후에도 방 밖에까지 배웅을 나
가야 했다. 수업 시간마다 왜 그렇게 복잡한 예절을 지키도록 했을까?
그것은 예절을 통해 세자의 행동을 바르게 가르치기 위해서였다. 책을
통한 문자만이 교육이 아니라 선생님을 맞이하고 배웅하는 예절 하나하나
가 모두 교육이라고 생각했기 때문이다. 바른 예절에서 바른 행동이 나오고
나아가 바른 마음도 나온다고 생각했던 우리 조상들의 교육 철학을 서연은
그대로 보여준다고 하겠다.

대리청정을 통한 실무교육

조선왕조 500년 동안 실제로 왕위에 올랐던 사람은 27명이다. 이 가운데 9명을 뺀 18명은 세자 또는 세손에 책봉되어 교육을 받았다. 나머지 9명은 창업이나 반정 또는 대비의 지명을 통해 왕위에 올랐다.

평균 열네 살에 세자나 세손에 책봉된 이 18명은 왕위에 오르기까지 대략 23년을 기다려야 했다. 다시 말해 23년 동안 세자나 세손으로 있으면서 교육을 받았다는 뜻이다. 고종의 아들인 순종은 32년 동안 세자로 있기도 했다.

따라서 세자가 부왕보다 먼저 세상을 떠날 가능성도 높았다. 실제로 명종의 세자였던 순회 세자, 순조의 세자였던 효명 세자를 비롯해 7명의 세자가 부왕보다 먼저 세상을 떠났다. 세자의 죽음은 자식으로서 불효일 뿐만 아니라 국가 자체로서도 막대한 손실이었다. 그러므로 세자는 언제일지는 모르지만 자신이 왕위에 오를 그날을 대비하여 열심히 공부하고 건강도 관리해야 했다.

오랜 세월 공부만 하는 세자에게 왕으로서의 실무 경험을 쌓을 수 있는 기회가 찾아오기도 했다. 대리청정이라고 하는 것이 그 기회이다. 왕에게 국정을 처리할 수 없는 어떤 사정이 생겼을 때 세자에게 대신 맡기는 경우가 그것이었다.

동궁에서 공부만 하던 세자는 어떻게 대리청정을 했을까? 세자의 입장에서 본다면 일종의 현장 실습 기회라고 할 수 있는 대리청정은 세자에게 어떤 교육적 효과를 냈을까?

조선시대 대리청정의 전형은 세종대왕의 세자였던 문종부터 시작되었다. 세종은 왕위에 오른 지 25년이 지난 후 격무로 말미암아 건강을 크게 해쳤다. 게다가 당시 세자는 서른 살이었으므로 세종은 세자에게 대리청정을 시키려고 했다. 그러나 신하들의 반대가 거세 당장은 대리청정을 시키지 못하다가 2년이 지난 뒤에 대리청정을 하도록 했다.

이로부터 문종은 세종이 돌아가실 때까지 약 5년 동안 대리청정을 했다. 문종 이후로도 예종, 광해군, 경종, 사도세자, 정조, 효명세자가 대리청정을 했는데 이들의 모델은 문종이었다.

세종은 관리 임명, 범죄자 재판, 군사 문제는 직접 처결하고, 그밖의 국정은 모두 세자로 하여금 처리하도록 했다. 당시 세자였던 문종은 자신이 처리하는 모든 사항을 세종에게 보고하고 허락을 받은 뒤에 집행했다. 이같은 방식이 조선시대 대리청정의 기본적인 상황이었다. 곧 세자의 대리청정 기간 중에도 왕은 인사권이나 군사권과 같은 중요한 사항은 직접 처리하고 그밖의 가벼운 업무만 세자가 처리하는 것이었다. 세자는 청정 업무가 끝난 뒤에는 서연에서 공부했다.

대리청정 기간 중 세자는 어디에서 국정을 처리했을까? 또 어느 신하들이 세자에게 보고하고 결재를 받았을까? 청정 기간 중 왕과 세자 사이의 의전은 어떻게 했을까? 이런 것은 근본적으로 살아 있는 왕을 대신해 세자가 대리청정할 때 세자의 위상을 어떻게 정하느냐의 문제였다. 숙종 때 세자였던 경종의 대리청정 시행을 놓고 논의한 내용을 보자.

이이명 : 예전에는 경복궁 건춘문 안에 따로 왕세자의 대리청정 업무를 위한 건물을 짓고 계조당이라고 하였습니다. 지금 동궁의 시민당이 그에 해당하는데, 세자의 대리청정과 조참 같은 의식을 이곳에서 행합니까? 아니면 특별히 다른 곳에서 행합니까?

숙종 : 시민당에서 하라.

이이명 : 청정, 조참 때의 자리 방향은 중국과 우리나라가 모두 서향하도록 하였습니다. 지금도 이렇게 해야 합니까?

숙종 : 그렇게 하라.

(중략)

이이명 : 우리나라에서는 세종대왕께서 관리 임명, 범죄자 재판, 군사 문제는 직접 처결하고, 그밖의 국정은 모두 세자로 하여금 처리하도록 하였습니다. (중략) 승정원의 도승지 이외의 다섯 승지는 각기 자신이 맡은 업무를 가지고 세자에게 가서 결재를 받아 시행하게 하였습니다. (중략) 주상께서 처리하실

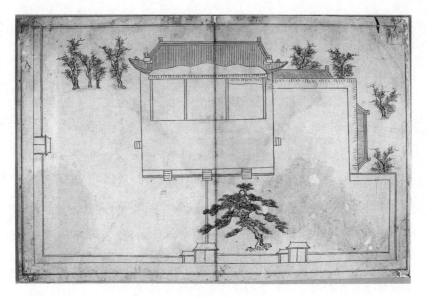

〈시민당도(時敏堂圖)〉_ 한국학중앙연구원 장서각 소장

것과 세자께서 처리하실 것을 일일이 구별하여 하교하시는 것이 어떻겠습니까?

(중략)

숙종 : 일일이 세종 때의 전례에 의거하여 시행하라.

— 『숙종실록』 권 60, 43년 7월 정축조

세자의 대리청정을 위한 시설은 동궁 안에 따로 있었다. 곧 동궁 교실 옆에 신하들이 업무를 보고하고 결재를 받을 수 있는 사무실을 마련했다는 것이다. 예컨대 경복궁에서는 계조당이 그것에 해당하고 창덕궁에서는 시민당이 그렇다. 그러므로 대리청정 기간에 세자는 동궁 안의 사무실로 가서 승지들의 보고를 받고 국정을 처리했다. 이때 세자는 동쪽에서 서쪽을 향하도록 했다. 의전에서 왕과 세자를 구별하기 위해서였다.

대리청정 기간에 세자의 생활이 크게 달라지는 것은 없었다. 그대로 동궁에서 기숙 생활을 하며 동궁 안의 서연에서 수업을 받았다. 다만 대리청정을 위한 건물에서 승지들의 보고를 받고 국정을 처리하는 일이 더 보태진 것뿐이었다. 이를 교육학적인 입장에서 본다면 이론 교육을 위주로 하던 것에서 실무 교육을 병행했던 것이라 할 수 있다.

대리청정은 세자의 업무 능력을 적나라하게 보여주어 문제를 불러일으키기도 했다. 서연에서의 교육은 이론 교육이라 세자가 실제 어느 정도의 업무 능력이 있는지 잘 드러나지 않았다. 지금과 마찬가지로 학교 성적이 훌륭하다고 꼭 사회생활을 잘 하는 것은 아닌 것처럼 말이다.

이에 비해 대리청정은 세자의 국정 처리 능력과 함께 사회생활 능력을 그대로 보여주었다. 사회생활 능력이라는 것은 세자와 국왕, 세자와 신하들 사이의 인간관계 형성이라는 면에서 잘 드러났다. 청정 기간에 세자와 국왕과의 관계는 사회생활로 본다면 직장 상사와의 인간관계라고 할 수 있으며, 세자와 신하들 사이의 관계는 직장 부하들과의 인간관계라고 할 수 있었다.

지금도 직장 상사와의 인간관계 형성이 어려운 것과 마찬가지로 대리청정 기간 동안 세자는 국왕과의 인간관계 형성에서 어려움을 겪었다. 국정 처리를 잘 못하면 못해서 어렵고, 너무 잘하면 또 잘해서 어려웠다. 또한 세자는 자신이 처리하는 국정들을 어느 정도나 국왕에게 보고해야 하는지 늘 고민하게 되었다. 너무 세세한 것까지 보고하면 그 정도도 직접 처리하지 못하느냐는 질책을 받고, 반대로 웬만한 업무를 독단으로 처리하면 살아 있는 국왕을 무시하느냐는 질책을 받기도 했다. 세자는 대리청정을 하면서 사회생활에서 겪게 되는 기본적인 인간관계의 어려움을 몸소 체험하게 되었던 것이다.

신하들과의 관계에서도 마찬가지라고 하겠다. 대리청정 기간에 국왕 또는 신하들과 잘못된 인간관계를 만든 세자는 큰 어려움을 겪곤 했다. 예컨대 광해군, 경종, 사도세자, 효명세자가 대리청정 기간에 국왕 또는 신하들과 적대적인 인간관계를 맺음으로써 곤욕을 치른 경우라고 하겠다.

세자의 대리청정은 책을 통한 이론 교육만 받는 세자에게 실제 사회생활에서 겪게 되는 인간관계, 업무처리 같은 실무 경험을 쌓을 수 있는 기회가 되었다. 역사적으로는 서연뿐만 아니라 대리청정까지 잘 소화한 세자들이 훗날 탁월한 업적을 남기는 왕이 되었다. 이런 면에서 세자의 대리청정은 실무교육의 중요성을 잘 보여준다고 할 수 있다.

훌륭한 국왕은
끊임없는 공부로 만든다

공부하는 지도자의 대명사_세종

세종 世宗 (1397~1450)   조선 제4대 왕(재위 1418~1450). 태종의 셋째 아들로 원경왕후(元敬王后) 민씨(閔氏) 소생. 비(妃)는 청천부원군(青川府院君) 심온(沈溫)의 딸 소헌왕후(昭憲王后). 1408년(태종 8) 충녕군(忠寧君)에 봉군, 1413년(태종 13)에 대군이 되고 1418년에 왕세자에 책봉, 동년 8월에 22세의 나이로 태종의 양위를 받아 즉위하였다. 그는 정치적으로 중앙집권 체제를 운영하기 위하여 1420년에 집현전(集賢殿)을 설치하고 황희(黃喜)·맹사성(孟思誠)·허조(許稠) 등의 청백리(淸白吏)를 등용하여 왕권과 신권(臣權)의 조화에 노력하여 의정부(議政府)의 독주를 견제했고, 왕립 학술기관으로 확장하여 변계량(卞季良)·신숙주(申叔舟)·정인지(鄭麟趾)·성삼문(成三問)·최항(崔恒) 등 장년층의 학자를 등용하여 정치 자문·왕실 교육·서적 편찬 등 이상적 유교정치를 구현하였다. 그리고 궁내에 정음청(正音廳)을 설치, 성삼문·신숙주·최항 등으로 하여금 1443년(세종 25) 한글을 창제하게 하고, 1446년 이를 반포하였다. 능은 경기도 여주군 능서면(陵西面) 왕대리(旺垈里)에 있는 영릉(英陵)인데 처음에는 광주(廣州)에 있었으나, 1469년(예종 1)에 이곳으로 옮겼다.

세종대왕은 아마도 우리나라 사람들이 가장 존경하는 위인일 것이다. 세종대왕은 세계에 자랑할 만한 수많은 문화를 창조했으며 국토 개척에도 뛰어난 업적을 남겼다. 국내 정치도 안정을 유지해 그야말로 태평성대를 이룩했다.

세종이 이처럼 찬란한 업적을 남길 수 있었던 원동력은 어디에 있었을까? 수많은 이유가 있겠지만 빼놓을 수 없는 요인 가운데 하나가 쉬지 않고 공부하는 자세였다. 솔선수범하여 공부하는 세종이 있었기에 신하들도 열심히 공부했고 그 결과 찬란한 문화 창조도 가능했다.

세종은 태종과 원경왕후 민씨의 셋째 아들로 태어났다. 세종 위로 큰형인 양녕대군과 둘째형 효령대군이 있었다. 양녕대군이 태종의 큰아들이었으므로 태종의 원자, 세자는 원래 양녕대군이었다.

세종보다 세 살 위인 양녕대군은 여덟 살에 원자가 된 뒤 열한 살에 세자에 책봉되었다. 그후 14년이란 긴 세월을 양녕대군은 세자로 있으면서 차기를 준비하였다. 양녕대군이 세자로 있었을 때만 해도 세종은 셋째아들로서 충녕대군일 뿐이었다.

그런데 양녕대군은 세자로 있으면서 태종의 기대에 부응하지 못했다. 공부보다는 사냥이나 놀기에 더 열중했다. 10대를 넘어 20대가 되면서부터는 주색에 빠져들어 공부는 아예 뒷전이었다.

이에 비해 충녕대군은 비록 세자는 아니었지만 열심히 공부하였다. 너무 공부만 하는 것이 불안해 태종이 책을 보지 못하게 말릴 정도였다. 그러나 충녕대군은 더욱더 열심히 책을 읽고 공부했다. 그렇게 열심히 공부하는 충녕대군이었기에 태종은 물론 신하들로부터 깊은 신망을 받게 되었다. 양

녕대군이 세자에서 쫓겨났을 때, 둘째형 효령대군이 있었지만 충녕대군이
세자로 지명될 수 있었던 까닭은 이처럼 평소에 생활화된 공부에 있었다.

태종이 말하기를, "옛 사람들은 나라에 훌륭한 임금이 있으면 종묘사직의 복
이 된다고 하였다. 효령대군은 자질이 미약하고, 또 성질이 너무 고지식하다.
내 말을 들으면 그저 빙긋이 웃기만 할 뿐이다. 나와 중궁은 효령이 항상 웃
는 것만을 보았다.

충녕대군은 천성이 총명하고 민첩하며 학문을 몹시 좋아한다. 몹시 추운 때나
몹시 더운 때에도 밤이 새도록 글을 읽는다. 나는 그가 병이 날까봐 두려워하
여 늘 밤에 글 읽는 것을 금지하였다. 그러나 나의 큰 서책은 모두 청하여 가
져갔다. 또 정치의 도리를 알아서 매양 큰일에 정책을 제시하는 것이 진실로
합당하고, 또 생각 밖에서 나왔다.

중국의 사신을 접대할 적이면 풍채와 언어 동작이 두루 예에 부합하였다. 술
을 마시는 것이 비록 무익하지만 중국의 사신을 대하여 주인으로서 한 모금도
능히 마실 수 없다면 어찌 손님을 권하여서 그 마음을 즐겁게 할 수 있겠는가?
충녕은 비록 술을 잘 마시지 못하나 적당히 마시고 그친다. 또 그 아들 가운
데 풍채가 좋은 아들이 있다.

효령대군은 한 모금도 마시지 못하니, 이것도 또한 불가하다. 충녕대군이 왕
위를 맡을 만하니, 나는 충녕으로서 세자를 정하겠다." 하였다.
— 『태종실록』 권 35, 18년 6월 임오조

세종대왕이 큰형 양녕대군을 대신해 세자가 되었을 때는 스물다섯 살

이었다. 조선시대 세자에 책봉된 평균 연령이 열네 살인 점을 감안하면 무척 늦은 셈이었다. 게다가 세종은 세자에 책봉된 지 2개월 후에 곧바로 왕위에 오름으로써 세자 교육을 거의 받지 못했다.

　세종은 즉위한 이후부터 제왕학을 학습하기 위해 전력을 기울였다. 경연이 바로 그것이었다. 세종은 재위하는 동안 거의 하루도 거르지 않고 경연에 참여하여 신하들과 학문을 토론했다. 다음의 기록은 세종이 얼마나 공부에 열심이었는지를 잘 보여준다.

　세종은 천성이 학문을 좋아하였다. 그가 세자로 있을 때 항상 글을 읽되 반드시 백 번을 채웠다. 『좌전』, 『초사』 같은 책은 거기다가 또 백 번을 더 읽었다. 일찍이 몸이 편찮을 때도 역시 글 읽기를 그만두지 않았다. 병이 심해지자 태종은 환관을 시켜 갑자기 책을 모두 거두어가지고 오게 하였다. 그런데 『구소수간(歐蘇手簡)』(구양수와 소식의 편지 모음집) 한 권이 병풍 사이에 남아 있었다. 세종은 이 책을 천백 번이나 읽고 또 읽었다.

　왕위에 오른 뒤에는 날마다 경연을 열었으니 제왕으로서 공덕이 수많은 왕들 가운데서도 뛰어났다. 일찍이 근신에게 이르기를, '글 읽는 것이 가장 유익하고 글씨를 쓴다든지 글을 짓는 것은 임금이 유의할 필요가 없다.'고 하였다. 만년에 기력이 줄어 비록 조회는 보지 않았으나, 문학에 관한 일에는 더욱 유의하여 신하들에게 명하여 국(局)을 나누어 설치해서 모든 책을 편찬하게 하였다. 『고려사』, 『치평요람』, 『역대병요』, 『언문』, 『운서』, 『오례의』, 『사서오경음해』 등은 모두 세종의 교정과 교열을 거친 책들이었다. 세종이 하루 동안에 열람한 책들이 몇 십 권이나 되었다.

世宗莊憲大王實錄卷第六十四

夏四月戊申朔御勤政殿受朝對馬州太守宗貞盛及六郎次郎宗茂直等使人來獻
土宜○親傳夏享香祝○領議政黃喜率百官進賀甘露箋曰一人御極光隆昌期二
儀生祥式昭景貺聆所及欣抃惟均竊觀甘露之祥實是和氣所召唐堯致丹紅
之獻漢明有陵樹之凝乃此休徵復見昭代恭惟先思孝守位曰仁化伴元功馨香
格于上帝德隆善政膏澤浹于下民肆當謁陵之晨乃有流液之瑞綴于松樹甜如
錫飴惟茲靈貺之臻諒寫誠孝之感事絕今古權騰迥避伏念臣等幸際熙朝欣逢
應駿奔在列獲瞻咫尺之威虎拜揚休恭上萬年之祝對馬州太守宗貞盛圖書非
人以貞盛之言啓曰因諸處之請不獲已煩呈書契自今私請則員盛名上墳圖書
半○司憲府啓李義山服父喪朝路騎馬又不歸父墳按律科罪命勿論終制後還放贖
所○己酉受常衆視事御經筵○以申槩爲吏曹判書鄭招藝文館大提學金益精吏
曹左參判權蹈禮曹左參判○都承旨安崇善辭職曰職仕至重惟懼不勝乞解臣職不
允○令承文院提調議慶尚道富山浦恒居飢饉倭人十五戶給還上與否金曰以還上

『세종실록』_ 서울대학교 규장각 소장

세종대왕은 끝없는 학문 탐구로 유교를 비롯한 동양 문화의 정수를 터득할 수 있었다. 세종의 학문적 실력과 공부하는 자세는 집현전의 학사들 같은 당대의 인재들로부터 마음에서 우러나오는 존경을 받기에 충분했다. 세종대의 기라성 같은 인재들은 왕의 뛰어난 실력과 공부하는 자세에 자극받아 더욱더 열심히 공부했다. 세종과 신하들이 갈고 닦은 학문적 실력은 날마다 열리는 경연을 통해 곧바로 국가 차원의 문화 창조로 연결되었다.

세종은 공부만 열심히 했던 것이 아니라 건강관리에도 상당한 성공을 거두었다. 공부에만 치중했던 문종이나 인종은 건강관리에 실패해 병약한 모습을 보이다가 세상을 일찍 떠났다. 이에 비해 세종은 32년의 재위 기간 대부분을 건강하게 지냈다. 바쁜 국정과 경연으로 혹사당하면서도 건강을 크게 잃지 않았던 것은 역시 세종이 건강관리에도 상당한 노력을 기울였기 때문이라고 할 것이다.

세종은 재위 32년간을 날마다 열심히 일하고 공부했다. 아침 일찍 일어났으며 바쁜 와중에도 틈틈이 공부해 실력을 갈고 닦았다. 다음의 기록은 세종이 얼마나 열심히 일하고 공부했는지를 증언한다.

세종은 왕위에 오른 후 날마다 새벽 2~3시쯤에 잠자리에서 일어나 옷을 찾아 입었다. 해가 뿌옇게 뜰 때 조회를 받고 이어서 하루의 공무를 시작했다. 다음에는 신하들을 번갈아 만나보고, 다음에는 경연을 열었는데 조금도 게을리 한 적이 없었다. (중략) 무릇 왕위에 있은 지 30여년에 성덕(聖德)이 우뚝하여

무어라 이름붙일 수가 없었다. 이에 당시 사람들이 해동의 요순(堯舜)이라고
칭송했다.

— 『세종실록』 권 127, 32년 2월 임진조

새벽 2~3시쯤에 일어나 하루종일 나랏일과 공부에 전심전력하는 세
종의 모습이 눈앞에 선하다. 이렇게 솔선수범하는 세종이 있었기에 세계에
자랑할 만한 업적들이 가능했다.

세종대왕과 양녕대군의 사례는 오늘날의 교육에 어떤 의미가 있을까?
그것은 아마도 교육받는 학생의 소질과 적성에 관한 것이라 할 수 있다. 양
녕대군은 여덟 살부터 스물다섯 살까지 17년간 후계자교육을 받고도 결국
실패했는데, 이것은 소질과 적성이 맞지 않는 사람에게는 아무리 좋은 교육
제도도 어쩔 수 없다는 역사적 방증이라고 하겠다.

이에 비해 세종의 경우는 본인의 소질과 적성, 그리고 즉위 후의 제도
교육이 어울려 최고의 효과를 냈다. 조선시대 왕실 교육이 우리에게 증언하
는 것은 부모와 교육자의 노력뿐만 아니라 학생의 소질과 적성이 조화될 때
최고의 효과를 낼 수 있다는 사실이라고 하겠다.

끊임없는 공부를 통해 만들어지는 국왕

조선시대에는 총 27명의 왕들이 있었다. 이 왕들이 즉위할 때의 평균 나이는 스물다섯 살이었다. 이들은 여덟 살 전후에 세자에 책봉되었으므로 대략 18년간 제왕 교육을 받은 셈이 된다. 이 정도면 국사에 바쁜 왕의 처지에서 나이로 보나 배운 것으로 보나 더 이상 제왕 교육을 받지 않아도 되지 않을까 하는 생각도 든다.

특히 마흔 살이 넘어 왕위에 올랐다면 도대체 어느 선생님에게 무엇을 더 배울까 싶기도 하다. 쉰여덟 살에 조선을 세우고 왕이 되었던 태조 이성계는 이런 생각을 노골적으로 나타냈다.

사간원에서 날마다 경연을 개최하자고 요청하였다.

왕이 말하기를, "나는 이미 수염과 살쩍이 허옇게 되었다. 그러니 여러 유생들을 모아 강론을 들을 필요가 없을 것 같다." 하였다.

도승지 안경공이 대답하기를, "사간원의 뜻은 다만 전하께 글을 읽게 하려고만 하자는 것이 아닙니다. 대개 정직한 사람들을 가까이 하여 바른 말을 듣게 하자는 것입니다." 하였다.

— 『태조실록』 권 2, 1년 11월 기축조

위의 내용은 조선시대 국왕 교육의 대명사인 경연을 고집했던 당시 사람들의 생각을 잘 표현하고 있다. 비록 태조 이성계가 환갑이 가까웠지만, 경연에서 글도 읽고 훌륭한 학자들의 말도 들어야 한다는 것이다. 바꾸어 말하면, 왕이 나이 많다는 이유로 공부도 하지 않고 일부 가까운 신하들과만 어울린다면 정치가 왜곡될 것이라는 뜻이다.

하물며 젊은 왕이라면 그런 우려가 더했다. 국왕이 되어서도 공부해야 하는 이유를 조선 초기의 대학자 권근은 다음과 같이 말했다.

참찬문하부사 권근이 상소문을 올렸는데 그 상소문에 이르기를, "경연에 부지런해야 합니다. 제왕의 도는 학문으로 밝아지고 제왕의 정치는 학문으로 넓어집니다. 자고로 제왕이 반드시 경연을 열어 공부를 하는 이유는 진실로 여기에 있습니다. (중략)

엎드려 바라건대 전하께서는 자신의 재능을 믿지 마시고 학자들의 고루함을 질책하지 말아 날마다 경연에 납시어 마음을 비우고 뜻을 공손히 하여 부지런히 공부하소서. 다른 사정이 생겨 경연을 정지해야 할 때에는 경연관을 따로 불러 만난 후에 파하소서." 하였다.
— 『태종실록』 권 1, 1년 1월 갑술조

왕이 자만하거나 독단하지 않고 겸손한 마음으로 늘 공부하여야 훌륭한 정치를 할 수 있다는 것이다. 사실 이것은 당연한 말이라고도 할 수 있다. 최고지도자가 자신의 재능만 믿고 독단적으로 정치를 할 때 독재나 실정을 할 우려가 높다. 반면에 최고지도자가 마음을 열고 배우겠다는 자세로 정치에 임할 때 좋은 정치를 할 수 있다.

조선시대에는 이런 믿음이 국왕과 양반 관료들 사이에 공유되었기에 경연이 법제화되기까지 했다. 경연은 『경국대전』에 다음과 같이 규정되었다.

경연은 국왕에게 경전과 역사를 강독하고, 논평과 토론하는 임무를 맡는다.
— 『경국대전』 이전, 경연

조선시대 국왕은 현실 문제로 바쁜 존재였다. 회의하고 행사에 참여하고 사람을 만나는 일만으로도 하루가 짧았다. 현실의 문제점을 정확하게 파악하고 대책을 세우기 위해서는 공부보다는 현실 자체에 집중하는 것이 더 시급했을 수도 있다.

그렇다면 경연은 가끔 틈이 날 때 하면 좋을 것이다. 그런데 조선시대의 경연은 하루에도 아침, 점심, 저녁 세 차례나 하게 되어 있었다. 국왕의 업무 시간 가운데 절반 이상을 경연이 차지했다.

게다가 경연에 참석하는 사람들은 삼정승과 승지를 비롯한 양반 관료

태조어필_인천광역시립박물관 소장

집단의 수뇌부였다. 이들도 국왕과 마찬가지로 업무 시간의 절반가량을 경연에 써야 했다. 왕과 양반관료들은 일하는 사람들인지 공부하는 사람들인지 모호할 정도였다. 당시 사람들은 무슨 생각에서 그렇게 했을까? 율곡 이이의 말을 들어보자.

> 손님 : 중국의 하, 은, 주 3대 이후에 왕도를 행한 자가 없으니 그 이유가 무엇인가?
> 주인 : 도학을 밝히지 못하고 행하지 못하였기 때문이다.(중략)
> 손님 : 이른바 도학이란 어떤 학문인가?

주인 : 도학이란 격물치지(格物致知)로써 선(善)을 밝히고 성의정심(誠意正心)으로써 자신의 몸을 수양하여 몸에 쌓이면 천덕(天德)이 되고 정치로 행하면 왕도가 되는 것이다. 독서는 격물하는 방법이다.

— 『동호문답(東湖問答)』, 우론군신상득지난(右論君臣相得之難)

조선시대 정치의 궁극적 목표인 왕도 정치를 실현하기 위해서는 도학이 필요하다는 것이다. 도학은 이른바 수기치인(修己治人)의 학문으로 먼저 자신의 몸을 수양한 뒤에 정치를 행한다는 것이다. 그러므로 조선시대 최고 권력자인 국왕도 수기를 해야 했다. 그 방법이 독서이고 공부이며 경연이었다.

이것은 무슨 뜻일까? 정치가 비록 현실 문제를 다루지만 그 현실을 잘 다루려면 현실만 가지고는 부족하다는 것이라 하겠다. 즉 정치를 잘 하려면 현실의 근본이 되는 인간의 마음과 세상의 본질을 알아야 하고 자신의 마음을 수양해야 한다는 의미이다. 그렇지 못한 왕이 현실 문제를 풀어가겠다고 덤비는 것은 마치 소경이 길을 인도하는 것과 같다고 하였다.

그러므로 왕은 끊임없이 인간과 세상을 공부하고 마음을 갈고 닦아야 했다. 그 방법이 바로 경연이었다. 조선시대 사람들이 존경해 마지않았던 정자(程子)는 경연의 의미를 다음과 같이 말했다.

임금을 보좌하고 돕는 방법은 군주의 말이나 명령이 잘못된 뒤에 바로 잡겠다고 충고하는 데 있지 않다. 오히려 그것은 임금의 학문과 인격을 함양하고 훈도하는 것에 있다.

— 『성리대전(性理大典)』 권 65, 군도(君道) 성학(聖學)

그러므로 현실 문제가 절박하면 절박할수록 국왕은 인간과 세상의 본질을 탐구하고 자신의 마음을 수양해야 한다는 논리가 성립되었다. 격물치지와 성의정심이 바로 그것이었다. 경연은 그것을 보장하는 확실한 방법이었던 것이다.

경연, 인간과 세상에 대한 공부

사람이 사회를 이루고 살아가는 한 최고지도자의 역할은 예나 지금이나 중요하다. 최고지도자의 결정에 따라 그 사회의 장래가 좌우될 수 있기에 그렇다. 그러므로 최고지도자는 수많은 사회 구성원들의 다양한 의견을 종합해 최적의 결정을 내릴 수 있어야 한다.

그렇지만 최고지도자의 최종 결정에 가장 큰 영향을 끼치는 것은 자기 자신의 심성과 가치관, 세계관일 것이다. 이런 뜻에서 최고지도자의 그것들을 바르게 잡아주는 일은 무척 중요하다.

조선시대는 국왕이 최고지도자였다. 모든 국정은 왕의 결재를 받아야 시행할 수 있었다. 이같은 국왕의 심성, 가치관, 세계관은 기본적으로 즉위 이전의 교육을 통해 만들어지지만, 즉위 이후의 경연도 여전히 중요했다.

특히 경연에서 국왕에게 교육을 시키는 선생님들은 현재 왕의 심성, 가치관, 세계관에 절대적인 영향을 미칠 수 있었다. 좀더 확대 해석한다면 왕이 내리는 최종 결정을 좌우하는 사람들은 경연장의 선생님들이었다. 이 같은 경연관의 중요성을 19세기의 대학자 최한기라는 분은 다음과 같이 말했다.

> 나라가 태평성대가 되느냐 마느냐는 왕의 덕성이 이루어지느냐 마느냐에 달려 있다. 왕의 덕성이 이루어지느냐 마느냐는 경연관의 가르침이 어떤가에 달려 있다. 그러니 경연관의 책임이란 것은 더없이 중요하다.
> ─ 『강관론(講官論)』 강관론서(講官論序)

왕조 국가에서 나라의 운명을 좌우하는 존재가 왕이라면, 그 왕의 덕성, 곧 마음을 좌우하는 존재는 경연관이었다. 이처럼 경연관의 역할이 중요했으므로 조선시대에 경연관이 된다는 것은 당대 최고의 영광이었다. 『경국대전』에는 경연관이 다음과 같이 규정되어 있다.

> 정1품의 영사(領事) 3명 : 정승이 담당한다.
> 정2품의 지사(知事) 3명
> 종2품의 동지사(同知事) 3명
> 정3품의 참찬관(參贊官) 7명 : 승정원의 승지와 홍문관의 부제학이 겸한다.
> 정4품의 시강관(侍講官)
> 종5품의 시독관(試讀官)

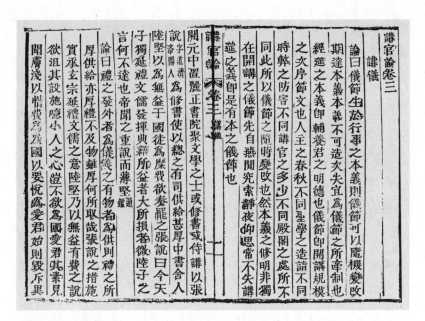

『강관론』 중 강의(講儀)
경연의식에 관한 내용이다.

정6품의 검토관(檢討官)

정7품의 사경(司經)

정8품의 설경(說經)

정9품의 전경(典經)

—『경국대전』 이전, 경연

　위의 경연관 가운데 정3품 이상의 당상관들은 의정부의 3정승과 6조의
장관 그리고 승정원의 승지들이 맡았다. 이들은 양반 관료 집단의 수뇌들이

었다. 왕과 양반 관료 집단의 수뇌들은 경연을 통해 사람과 세상에 대한 이해를 공유함으로써 현실 문제에서 합의된 해결책을 도출하기가 그만큼 쉬웠다. 이런 뜻에서 경연은 왕이 공부하는 자리이며 동시에 정책 세미나의 역할도 겸했다고 할 수 있다.

정3품 이외의 경연관들은 기본적으로 홍문관의 관리들이 맡았다. 이것은 홍문관이 조선시대 국왕 교육의 전담 기관이라는 뜻이다. 조선시대 관료들이 가장 영예롭게 생각했던 부서는 단연 홍문관이었다. 홍문관을 대표하는 대제학은 조선시대의 문화를 상징하기도 했다. 홍문관 대제학을 문형(文衡)이라고 하였는데, 문화를 좌우하는 사람이라는 뜻이다. 홍문관 대제학은 과거 시험을 주관했기 때문이다. 조선시대 사람들에게 홍문관의 관료들은 그야말로 선망의 대상이었다.

홍문관은 본래 세종대의 집현전을 계승한 관서였다. 세종대왕은 당대의 인재들을 집현전에 모아 학문에 정진하도록 했다. 세종대왕의 각별한 애정과 신뢰를 받음으로써 집현전 학사들은 세종대왕 시대의 황금 문화를 만들어낼 수 있었다.

본래 경연이란 세종대왕 시대에 왕과 집현전 학사들이 만나 학문과 역사를 토론하던 자리였다. 세종대왕은 집현전 학사들을 경연관으로 삼음으로써 그들이 공부한 결과를 경연장에서 함께 토론하고 이를 문화 창조의 밑거름으로 승화시켰다. 이 집현전이 세조대에 없어졌다가 훗날 홍문관으로 부활했다.

집현전을 이어 국왕 교육을 담당하게 된 홍문관에는 당대 최고의 인재들이 모였다. 홍문관 관리가 되기 위해서는 과거 시험에서 우수한 성적으로 합격해야 할 뿐만 아니라, 많은 사람들로부터 추천까지 받아야 했다. 이런 홍문관의 관리들은 명실상부하게 당대를 대표하는 실력자들이었다. 홍문관 관리가 되는 순간 자동으로 경연관이 되므로 그 명예와 자부심은 비길 데가 없었다. 이러한 홍문관에 대해 『경국대전』에서는 다음과 같이 규정하고 있다.

대궐 안의 경전과 서적을 관장하고 문한(文翰)을 다스리며 왕의 자문에 대비한다. 모두 문관을 쓴다. 제학 이상은 다른 관서의 관원이 겸임한다.

(중략)

정1품의 영홍문관사(領弘文館事) 1명〈의정이 담당한다.〉

정2품의 대제학(大提學) 1명

종2품의 제학(提學) 1명

정3품의 부제학(副提學) 1명

정3품의 직제학(直提學) 1명

종3품의 전한(典翰) 1명

정4품의 응교(應敎) 1명

종4품의 부응교(副應敎) 1명

정5품의 교리(敎理) 2명

종5품의 부교리(副敎理) 2명

정6품의 수찬(修撰) 2명

종6품의 부수찬(副修撰) 2명

정7품의 박사(博士) 1명

정8품의 저작(著作) 1명

정9품의 정자(正字) 2명

—『경국대전』 이전, 홍문관

조선시대 의정부와 6조를 비롯한 대부분의 관청들은 대궐 밖에 있었지만 홍문관은 대궐 안에 있었다. 그 이유는 국왕의 자문에 대비하기 위해서였다. 홍문관 이전의 집현전도 대궐 안에 있었는데, 현재 경복궁 강녕전 옆의 경회루 부근이 그곳이었다.

왕은 밤중이라도 글을 읽다가 궁금한 사항이 있으면 집현전이나 홍문관 관리들을 부르곤 했다. 또 틈이 나면 직접 찾아가기도 했다. 따라서 조선시대의 집현전 학사들 또는 홍문관의 관원들은 밤낮 없이 쉬지 않고 열심히 공부하며 왕을 위한 교육과 자문에 대비했다. 다음의 사례는 그런 점을 잘 보여준다.

집현전 학사들이 번갈아 숙직을 섰다. 세종대왕은 집현전 학사들을 몹시 사랑하고 아꼈다. 이에 당시 사람들은 집현전 학사들을 신선에 비유하였다.

어느 날 밤 2경(밤 9~11시)이 되어 세종대왕은 환관을 시켜 집현전의 학사가 무엇을 하는지 보고 오게 했다. 그때 숙직 중이던 신숙주가 바야흐로 촛불을 켜놓고 글을 읽고 있었다. 환관이 돌아와서 아뢰기를, '서너 번이나 가서 보아도 글 읽기를 끝내지 않다가 닭이 울자 비로소 잠자리에 들었습니다.' 하였다. 세종대왕은 이를 가상히 여겨 가죽옷을 벗어 그가 깊이 잠들었을 때 덮어주게 했다. 신숙주는 아침에 일어나서야 이 일을 알게 되었다. 이 소문을 들은 선비들은 더욱 학문에 힘을 쓰게 되었다.
— 『연려실기술』권 3, 세종조고사본말

위의 이야기는 집현전 학사들이 경연에서 국왕을 교육하기 위해 얼마나 열심히 공부했는지를 상징적으로 보여준다. 집현전을 계승한 홍문관의 관리들도 다르지 않았다.

조선시대의 훌륭한 왕들은 예외 없이 경연에 열심이었다. 이를 통해 왕은 경연관들의 학문적 성과를 학습하고 현실 정치에 활용했다. 조선시대의 경연은 사회생활을 하는 성인이 왜 공부를 해야 하는지, 또 사회인들을 가르치는 선생님들의 역할이 어떤 것인지를 보여주는 역사적 사례라고 할 수 있다.

경연의 방식

　조선시대 최고 권력자 왕이 공부하는 경연의 모습은 어땠을까? 왕과 경연관들은 공식적으로 임금과 신하 관계지만 공부하는 경연에서는 사제 관계처럼 되는데 이때는 어떤 모습으로 공부했을까?

　경연도 세자 때의 서연과 비슷한 방법으로 진행되었다. 다만 서연에서는 세자와 선생님들이 의자에 앉아 마주 보고 수업을 진행했지만 경연에서는 그러지 못했다. 경연관들이 아무리 왕을 가르치는 선생님이라고 해도 신하일 뿐이라는 명분이 먼저였다. 그러므로 경연장에서 왕은 남쪽을 향해 앉고 경연관들은 왕을 향해 꿇어 엎드린 자세에서 수업을 했다.

　경연은 다음과 같은 방식으로 진행되었다. 먼저 왕이 이전에 공부한 것을 복습하는 의미에서 읽었다. 다음에 시독관(試讀官)이 수업할 부분을 읽은 뒤에 왕이 따라 읽었다. 시독관은 읽는 것을 담당하는 경연관이었다.

이어서 경연관들이 각자 돌아가면서 방금 읽은 내용을 설명했다. 이때 경연관들은 발음을 위시하여 역사적 배경, 관련된 고사 등등 자신들의 학식을 총동원해 설명했다. 왕은 의문이 생기면 질문을 하여 보충 설명을 들었다. 경연 내용 가운데 현실과 관련되는 문제가 나타나면 경연관들이 이를 제기해 토론이 벌어지기도 하였다. 이런 경연의 실제 모습을 영조의 사례를 통해 한번 살펴보자.

영조는 서른한 살이 되던 1724년 8월 왕위에 오른 후 이듬해인 1725년 1월 5일부터 『논어』를 교재로 경연을 시작했다. 이후 1776년 3월 5일에 여든세 살로 세상을 떠나기 한 달 전까지 52년간 경연을 열었다.

『대학연의보(大學衍義補)』는 영조가 1737년 10월 15일부터 1740년 10월 5일까지 약 3년간 경연 교재로 사용했던 책이다. 이 책은 조선시대 사서 가운데 하나였던 『대학』을 자세하게 보충 설명한 것으로 명나라의 구준이란 사람이 편찬했다. 다음은 영조가 『대학연의보』를 교재로 경연장에서 어떻게 공부했는지를 보여준다.

영조 16년(1740) 9월 25일 정오에 왕이 창덕궁의 희정당에 나가 주강에 참여했다.

주강에는 지사 이기진, 특진관 박찬신, 참찬관 권영, 시독관 이종적과 남태제, 가주서 임사하, 기사관 이장하, 기주관 주기, 장령 홍득후, 종친 함계군 이훈, 무신 부호군 남정하가 참여하였다.

왕이 이전에 배운 부분을 읽었다. 시독관 이종적이 오늘 배울 부분인 '추초공자(秋楚公子)'에서 '진지실형(晉之失刑)'까지 읽었다.

영조 : '각(卻)'은 어째서 '극(克)'으로 읽는가?

지사 이기진 : 신은 평상시 '각(角)'으로 읽어왔습니다.

승지 : '극(克)'으로 읽는 것이 맞습니다. 『운휘(韻彙)』를 살펴보면 '극'이 분명합니다.

영조께서 새로 배울 부분을 처음부터 끝까지 다 읽었다.

시독관 이종적 : 마릉(馬陵)에서의 맹약은 제나라의 첫 번째 맹약입니다.

시독관 남태제 : 이전에 맺었던 두 번의 맹약은 모두 잘못되었습니다. 근본이 잘못되었으니 이번의 맹약이 좀 괜찮다고 해도 무엇을 족히 취하겠습니까?

시독관 이종적 : 겨울에 기우제를 지내는 것은 그때가 아니기 때문에 기록한 것입니다.

시독관 남태제 : 겨울에 기우제를 지냈으니 일 년간의 가뭄이 겨울까지 갔다는 것을 알 수 있습니다.

(중략)

시독관 이종적 : 소신은 황공스럽게도 아뢸 말씀이 있습니다. 어제 우레가 치는 천변이 있었습니다. 상소를 해도 되지만 남들이 하는 대로 해서는 진실한 방법이 아니라 생각해서 오늘을 기다려 아뢰고자 했습니다. 겨울이 다가오는 이때에 우레가 이처럼 치니 임금님께서는 어찌 제대로 수라를 드시고 잠을 주무시겠습니까? 어제 여러 신하들을 불러 힘써 천변을 없앨 방법을 강구하였으니 임금님의 정성이 지극하다 하겠습니다. 이에 여러 신하들이 천변을 없앨 훌륭한 방법을 올렸으니 신이 구구하게 덧붙일 것은 없습니다.

다만 임금님께서는 춘추가 아직 젊으시고 뜻도 높고 강하십니다. 여러 신하들의 말을 듣건대 전하께서 처음에 뜻한 바는 3대를 기약하는 것이었다고 하였습니다. 그렇지만 결과는 3대에 미치지 못하고 불행하게도 한나라나 당나라의 말세와 비슷합니다. 이에 신은 감히 세 가지를 아뢰고자 합니다. 첫째는 하늘을 공경하는 것이고, 둘째는 성학(聖學)에 힘쓰시는 것이며, 세 번째는 명실상부하게 사람을 쓰는 것입니다.

(중략)

영조 : 이야기한 것이 아주 훌륭하다. 마땅히 각별히 유념하겠다.

— 『승정원일기』 권 921, 영조 16년(1740) 9월 25일

영조와 경연관들이 『대학연의보』를 교재로 열띤 토론을 벌이는 광경이 생생하다. 한자의 발음을 놓고 각자 근거를 대기도 하고, 책 내용을 나름대로 해설하는 모습도 있다. 『대학연의보』의 겨울 기상이변 부분을 설명하다가 갑자기 현재의 기상 이변을 거론하며 영조에게 정책을 건의하는 내용도 있다. 과거와 현재, 학문과 정치가 서로 혼합되어 자유분방하게 토론되는 모습이 살아 있는 듯이 드러난다.

영조는 18세기 탕평 정치를 통해 문화의 황금기를 이룩한 왕으로 평가받는다. 영조가 그같은 업적을 달성할 수 있었던 것은 경연의 결과였다고 할 수 있다.

영조는 숙종의 후궁인 숙빈 최씨에게서 난 사람으로 원자 교육을 받지 못했다. 세자 교육도 제대로 받지 못했다. 스물여덟 살 때 경종의 세제(世弟)가 된 후 왕위에 오르기 전까지 3년 동안 받은 세자 교육이 전부였다. 이 3년 동안도 영조는 노론과 소론의 당쟁으로 공부에 전념할 수 없었다.

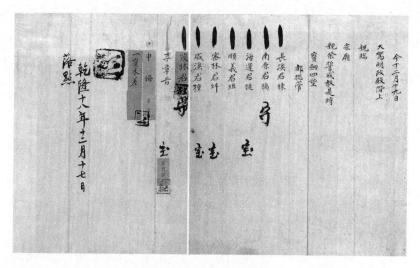

도총부시위육망단자(都摠府侍衛六望單子)_한국학중앙연구원 장서각 소장
영조가 친필로 결재한 낙점문서이다.

이에 비해 영조는 즉위하던 서른한 살부터 세상을 떠나기 한 달 전까지 52년간이나 경연을 열었다. 이를 통해 영조는 유교 교양을 습득하고 왕으로서의 학식과 경륜을 체득하였다. 영조가 경연에서 학습한 교재를 보면 영조의 제왕 교육은 바로 경연이었다는 점을 알 수 있다.

조선시대 국왕들이 연로한 나이가 되어서도 크게 심성이 어긋나거나 정국 운영을 파행으로 몰아가지 않았던 이유는 바로 이같은 경연을 통해 끝없이 공부하고 수양했던 결과라고 할 수 있다.

영조가 경연에서 공부한 교재

『논어』 – 영조 1년(1725) 1월 5일부터 영조 1년 5월 18일까지

『맹자』 – 영조 1년(1725) 7월 18부터 영조 3년 4월 17일까지

『중용』 – 영조 3년(1727) 4월 25일부터 영조 4년 1월 26일까지

『서경』 – 영조 4년(1728) 2월 8일부터 영조 7년 6월 3일까지

『예기』 – 영조 7년(1731) 8월 3일부터 영조 10년 5월 17일까지

『시경』 – 영조 10년(1734) 5월 21일부터 영조 12년 5월 28까지

『주역』 – 영조 12년(1736) 6월 3일부터 영조 13년 10월 7일까지

『춘추집전』 – 영조 13년(1737) 10월 16일부터 영조 17년 6월 21일까지

『심경』 – 영조 17년(1741) 7월 15일부터 영조 20년 11월 4일까지

『주례』 – 영조 20년(1744) 11월 7일부터 영조 25년 4월 18일까지

『대학』 – 영조 34년(1758) 10월 2일부터 영조 34년 11월 18일까지

『근사록』 – 영조 41년(1765) 4월 22일부터 승하 때까지

『소학』–영조 42년(1766) 5월 8일부터 승하 때까지

『대학연의』 – 영조 46년(1770) 1월 14일부터 승하 때까지

『강목』 – 세제 때인 1721년 10월 7일부터 영조 2년(1726) 6월 1일까지

『송감』 – 영조 2년(1726) 6월 15일부터 영조 3년 1월 9일까지

『황명통기』 – 영조 3년(1727) 1월 16일부터 영조 4년 2월 23일까지

『명기편년』 – 영조 4년(1728) 2월 24일부터 영조 4년 3월 7일까지

『심경』 – 세제 때인 1724년 10월 2일부터 영조 4년(1728) 3월 6일까지

『주자봉사』 – 영조 4년(1728) 3월 12일부터 영조 4년 6월 18일까지

『대학연의』 – 영조 4년(1728) 6월 22일부터 영조 5년 윤7월 4일까지

『동국통감』 – 영조 5년(1729) 윤7월 5일부터 영조 7년 5월 26일까지

『성학집요』 – 영조 7년(1731) 6월 1일부터 영조 8년 1월 8일까지

『당감』 – 영조 8년(1732) 1월 11일부터 영조 8년 2월 19일까지

『절작통편』 – 영조 8년(1732) 2월 20일부터 영조 9년 10월 16일까지

『육선공주의』 – 영조 9년(1733) 12월 9일부터 영조 10년 1월 27일까지

『근사록』 – 영조 10년(1734) 1월 29일부터 영조 10년 4월 13일까지

『이충정공주의』 – 영조 10년(1734) 4월 15일부터 영조 10년 6월 5일까지

『좌전』 – 영조 10년(1734) 6월 9일부터 영조 10년 9월 7일까지

『역대명신주의』 – 영조 10년(1734) 9월 8일부터 영조 10년 12월 18일까지

『정관정요』 – 영조 10년(1734) 12월 20일부터 영조 11년 2월 5일까지

『송명신언행록』 – 영조 12년(1736) 7월 5일부터 영조 12년 10월 9일까지

『송원강목』 – 영조 12년(1736) 10월 12일부터 영조 13년 10월 14일까지

『대학연의보』 – 영조 13년(1737) 10월 15일부터 영조 16년 10월 5일까지

『주자어류초』 – 영조 16년(1740) 10월 12일부터 영조 17년 3월 14일까지

『자치통감』 – 영조 17년(1741) 3월 21일부터 영조 25년 4월 3일까지

『여사제강』 – 영조 25년(1749) 4월 19일부터 영조 25년 5월 14일까지

『역대군감』 – 영조 39년(1763) 7월 22일부터 영조 39년 8월 9일까지

『국조보감』 – 영조 6년(1730) 11월 27일부터 영조 9년 12월 8일까지

『어제자성편』 – 영조 31년(1755) 12월 7일부터 영조 32년 1월 17일까지

『숙흥야매잠』 – 영조 36년(1760) 1월 28일부터 영조 46년 2월 27일까지

『열성조계강책자차제(列聖朝繼講册子次第)』

영조등극후경연진강책자차제(英祖登極後經筵進講册子次第)

최고의 도서관, 집현전과 홍문관

좋은 교육이 이루어지려면 좋은 선생님과 좋은 학교 시설뿐만 아니라 좋은 도서관이 있어야 한다. 교육에 필요한 모든 정보를 갖춘 도서관이 있어야 선생님이나 학생들이 원하는 연구와 공부를 마음껏 할 수 있다.

당연히 조선시대 국왕 교육을 위해서도 좋은 도서관이 필수적이었다. 국왕 교육을 담당했던 집현전이나 홍문관에는 경연과 국정자문에 필요한 자료를 모아놓은 최고의 도서관이 있었다. 장서각이라고 하는 도서관이 그 곳이었다.

장서각이란 말 그대로 책을 소장한 곳이란 뜻이다. 그런 면에서 장서각은 지금의 도서관처럼 일반 명사라 할 수 있다. 따라서 국왕 교육을 위해 설치했던 장서각을 특별히 드러내려면 집현전 장서각 또는 홍문관 장서각이라고 해야 한다.

집현전 장서각이나 홍문관 장서각은 조선시대를 대표하는 도서관이었다. 조선시대에 책을 소장한 장소하면 산속의 사고가 떠오르겠지만, 명실상부한 국가 도서관은 역시 집현전 장서각이나 홍문관 장서각이었다. 사고는 실록과 국가 중요 문서만을 소장할 뿐만 아니라 근본적으로 열람을 위한 시설이 아니었기 때문이다.

이에 비해 집현전 장서각이나 홍문관 장서각에는 역사, 문화, 철학, 과학, 예술 같은 모든 분야의 책들이 소장되어 있었다. 고려 왕실에서 전해오던 서책들을 위시해 국내에서 발행하는 주요 서책들이 장서각에 소장되었다. 조선시대 사람들은 우리나라 서책이 모두 경복궁의 홍문관 장서각에 있다는 말을 하곤 했는데 이것은 지나친 말이 아니었다. 정조 때에는 규장각 관리들이 국왕의 자문을 맡으면서 규장각이 조선을 대표하는 도서관으로 등장하기도 했다.

조선시대에는 외국에서 수입해 오는 책들도 일단은 장서각으로 들어갔다. 조선은 중국의 최신 서적들을 수입함으로써 선진 문물을 받아들였는데, 필요한 서책 목록은 바로 집현전이나 홍문관의 장서각에서 작성했다. 중국에 사신이 갈 때마다 필요한 책을 수입해 장서각에 소장시켰던 것이다.

병조판서 김안국이 중국에서 구입할 서책 목록을 가지고 보고하기를,

"전에 중국에서 구입할 만한 서책을 뽑아 보고하라고 명하셨습니다. 이에 신이 장서각의 서책 가운데 역대 서책을 조사해 보니, 우리나라에 없는 것이 무척 많았습니다. 이에 역대 서책을 많이 골랐습니다.

그러나 한꺼번에 전부 구입하기는 어렵습니다. 중국에 사신이 갈 때마다 책값을 헤아려주어 보는 대로 구입하는 것이 타당할 것 같습니다.

중국의 예부에 협조 문서를 보내 구입하기를 요청하면 분명 경전 위주로만 보내 줄 것입니다. 이에 실학 쪽의 책을 많이 뽑았습니다. 제자백가는 모두 뽑을 수 없으므로 이름난 사람의 저술을 위주로 뽑았습니다. 또 잡서, 의약, 복서, 천문, 지리도 뽑지 않을 수 없으므로 목록이 이와 같이 많습니다. 원나라와 명나라의 서책은 전집 중에서 뽑아 적었는데 빠진 것도 있는 것 같아 염려스럽습니다.

이번 사신의 행차부터 몇몇 책을 위주로 우선 구입할 것을 임금님께서 직접 지시하시겠습니까, 아니면 홍문관에서 표시하여 아뢰도록 하시겠습니까?

또 장서각의 낙질된 서책도 아울러 뽑아서 구입하도록 하라는 명령이 있었으므로, 별도로 뽑아서 보고합니다. 이 낙질된 책들의 권수를 홍문관에서 보고하게 하여 구입해서 수를 채우도록 하시겠습니까?

천문, 역법, 병법 같은 서책은 중국에서 해외 판매를 금하고 있습니다. 이에 예부에서 구입할 서책의 목록을 물을 경우 다른 서책과 아울러 기록해 보여서는 안 되기 때문에 별도로 기록하여 아룁니다." 하였다.

왕이 답하기를,

"모두 알았다. 먼저 구입하여야 할 서책은 홍문관에서 표시하도록 하라. 나도 표시할 것이다. 낙질된 서책은 권수를 상고하여 책명 아래에 써서 들여오도록 하라. 천문, 역법, 병법 등의 서책을 중국에서 금한다면 통역관을 시켜 보는 대로 구입하도록 하는 것이 좋겠다." 하였다.

— 『중종실록』 권 96, 36년 8월 경진조

중국에서 금지하는 책까지 사오려고 부심하는 모습이 눈에 선하다. 이는 최신 문물들을 하루라도 빨리 받아들여 배우려는 당시 사람들의 열망이라고 할 것이다. 이렇게 수입된 서책은 일단 집현전이나 홍문관의 장서각에 소장하고, 이를 경연관들이 연구, 검토함으로써 국가 정책에 반영할 수 있었다.

이 결과 집현전 장서각이나 홍문관 장서각에는 가장 오래된 귀중본부터 가장 최근의 간행본까지 온갖 책들이 있었다. 뿐만 아니라 이곳의 책들은 연구 활동을 위해 열람이 가능하였다. 다음의 기록은 집현전 학사들이 장서각의 책들을 이용해 연구에 몰두하던 모습을 잘 보여준다.

> 노사신은 성질이 진실하고 솔직하며 기개가 있고 뜻이 컸다. 왕실의 외척 출신인데도 사치스런 생활을 일체 버리고 배우기를 좋아하였다. 남에게 두루 물어 배웠으며 시문을 지을 때는 옛 문장을 쓰기 좋아하였다. 일찍이 집현전 박사가 되었는데 날마다 장서각에 나가 깊숙이 쌓인 책들을 어지러이 뽑아내어 정신을 집중하여 읽었다. 책을 읽다가 밥 먹는 것까지 잊어버린 채 책을 외우곤 하였다. 이에 사람들이 진정한 박사라고 하였다.
> ─『세조실록』 권 27, 8년 1월 임자조

집현전 장서각이나 홍문관 장서각은 경연관들의 열람 편의에도 만전을 기하였다. 집현전 장서각은 벽을 따라 서가를 만들고 경, 사, 자, 집의 부문별로 책들을 분류해 놓았다. 각각의 책에는 라벨 같은 표지를 꽂아놓음으로써 찾고자 하는 책을 바로바로 확인할 수 있도록 하였다. 책을 열람하고 싶

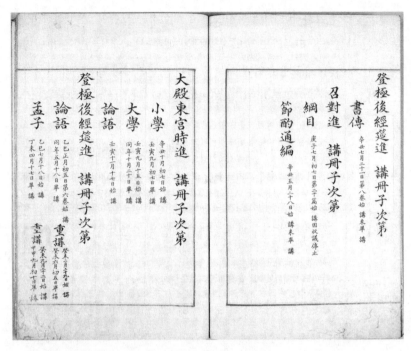

열성진강책목록(列聖進講冊目錄) _ 한국학중앙연구원 장서각 소장
숙종, 경종, 영조가 서연과 경연에서 공부한 교재 목록이다.

은 사람들은 장서각에 들어가서 볼 수도 있었고, 필요하면 빌려갈 수도 있
었다.

　　조선시대 장서각은 당시 경연이 단순히 국왕의 심성 교육이나 문자 교
육만을 위한 제도가 아니었음을 보여준다. 그것은 최신의 문물 정보들을 경
연관들로 하여금 하루 속히 습득해 최고지도자에게 알리도록 하는 것이었
다. 조선시대 집현전 장서각이나 홍문관 장서각은 교육에서 도서관이 차지
하는 위상이 얼마나 중요한 것인지를 잘 보여준다고 하겠다.

조선시대 왕세자들의 연령별 강학 교재 내용

숙종

숙종은 현종과 명성왕후 김씨의 외아들로 1661년 8월 경덕궁에서 태어났다. 숙종은 왕의 적장자였으므로 태어나면서부터 원자가 되었다. 7세 때 왕세자에 책봉되었고 8세 때 김만기의 따님인 인경왕후 김씨와 혼인하였다. 혼인 당시 인경왕후 김씨는 11세였다. 현종이 승하한 후 14세의 어린 나이로 왕위에 올랐다. 재위 46년만인 1720년 60세의 나이로 세상을 떠났다. 무덤은 명릉이며 6남 2녀의 자손을 두었다.

숙종은 7세에 왕세자가 되었지만 본격적인 공부는 5세부터 시작하였다. 처음 교재는 효경이었다. 이후 14세에 왕이 될 때까지 7년간 왕세자 교육을 받았다.

숙종이 왕세자 때 공부한 연령별 강학교재

연령	강학교재	교재내용
5-6세	효경(孝經)	효도에 관한 중국의 유교경전
6-7세	동몽선습(童蒙先習)	박세무가 쓴 유교윤리 및 한국과 중국의 역사개설서
7-10세	소학(小學)	주희와 유청지가 쓴 아동의 유교윤리서

10-13세	통감(通鑑)	주희가 편찬한 중국의 역사서
13세	대학(大學)	국가통치론에 관한 중국의 유교경전
13세	논어(論語)	공자의 언행록

정조

정조는 사도세자와 혜경궁 홍씨의 둘째 아들로 1752년 9월 창경궁에서 태어났다. 정조의 형인 의소세손은 3세 때 세상을 떠났다. 정조는 세자의 둘째 아들로 태어났으므로 처음에는 원손이라고 불리다가 8세 때 왕세손에 책봉되었다. 이후 아버지 사도세자가 영조에게 죽임을 당한 직후인 12세 때 진종의 후계자로 결정되어 명실상부한 영조의 후계자가 되었다. 이때부터 본격적으로 왕의 후계자로서 교육을 받기 시작하였다.

그러나 정조가 실제적으로 영조의 후계자 교육을 받기 시작한 것은 그보다 훨씬 일렀다. 사도세자와 심각한 갈등을 겪던 영조는 만약의 경우에 대비하여 정조가 3세 때부터 후계 교육을 시켰다. 즉 보양관이 설치되었던 것이다. 이후 4세부터 비공식적으로 문자교육을 시작하여 5세부터 공식적인 문자교육을 시작하였다. 영조가 승하한 후 25세에 왕위에 오르기까지 정조는 20년간 후계자 교육을 받고, 재위 24년만인 1800년에 승하하였다. 자녀는 2남 2녀를 두었으며 왕릉은 건릉이다.

정조가 왕세손 때 공부한 연령별 강학교재

연령	강학교재	교재내용
4–5세	효경(孝經)	효도에 관한 중국의 유교경전
4–5세	소학초략(小學抄略)	주희와 유청지가 쓴 아동의 유교윤리서의 요약본
5–7세	동몽선습(童蒙先習)	박세무가 쓴 유교윤리 및 한국과 중국의 역사개설서
7–9세	소학(小學)	주희와 유청지가 쓴 아동의 유교윤리서
9세	대학(大學)	국가통치론에 관한 중국의 유교경전
9–10세	논어(論語)	공자의 언행록
10–13세	사략(史略)	증선지가 편찬한 중국의 십팔사략
11–12세	맹자(孟子)	맹자의 언행록
12–13세	중용(中庸)	철학에 관한 중국의 유교경전
13–14세	서경(書經)	중국의 고대 역사 및 철학에 관한 유교경전
14–17세	시경(詩經)	중국의 고대 시가 및 문학에 관한 유교경전
17–18세	맹자(孟子)	맹자의 언행록
18세	대학(大學)	국가통치론에 관한 중국의 유교경전
18세	논어(論語)	공자의 언행록
18세	성학집요(聖學輯要)	율곡이 편찬한 유교의 제왕학
18세	주서절요(朱書節要)	주자가 저술한 책들의 요약본

19세	중용(中庸)	철학에 관한 중국의 유교경전
19세	서경(書經)	중국의 고대 역사 및 철학에 관한 유교경전
25세	성학집요(聖學輯要)	율곡이 편찬한 유교의 제왕학
25세	역학계몽(易學啓蒙)	철학에 관한 중국의 유교경전

순조

순조는 정조와 수빈 박씨의 큰 아들로 1790년 6월 창경궁에서 태어났다. 정조는 왕비와의 사이에 자녀가 없이 재위 6년째에 의빈 성씨와의 사이에 아들을 하나 두었다. 그 아들이 문효 세자였다. 그렇지만 문효 세자는 5세 되던 해에 세상을 떠나고 말았다. 이에 후손을 두기 위해 후궁을 들였는데 수빈 박씨가 그때 후궁으로 들어왔다. 순조는 수빈 박씨가 입궁한 지 4년 만에 낳은 아들이다.

순조는 비록 후궁 소생이었지만 출생 후 곧바로 원자가 되었다. 11세 되던 1800년 1월에 왕세자에 책봉되고 그해 7월 정조가 승하하자 왕위에 올랐다. 재위 35년만인 1834년에 세상을 떠났다. 슬하에 2남 4녀를 두었으며 무덤은 인릉이다.

순조는 비록 11세에 왕세자가 되었지만 7세 때 강학청이 설치된 후 8세부터 본격적인 교육을 받기 시작하였다. 이후 11세에 왕위에 오르기까지

4년간 후계자 교육을 받았다.

순조가 왕세자 때 공부한 연령별 강학교재

연령	강학교재	교재내용
8세	소학(小學)	주희와 유청지가 쓴 아동의 유교윤리서
8세	사략(史略)	증선지가 편찬한 중국의 십팔사략
9세	고경중마방초(古鏡重磨方抄)	이황이 중국 성현들의 교훈을 뽑은 책의 요약본
9-10세	대학(大學)	국가통치론에 관한 중국의 유교경전
10-11세	논어(論語)	공자의 언행록
11세	맹자(孟子)	맹자의 언행록

순종

순종은 고종과 명성왕후 민씨의 둘째 아들로 1874년 2월 창덕궁에서 태어났다. 고종과 명성왕후 민씨 사이에 큰 아들이 있었지만 일찍 세상을 떠났으므로 순종은 태어난 다음 해에 왕세자에 책봉되었다. 1907년 헤이그 밀사사건으로 고종이 황제에서 밀려나자 순종이 뒤를 이어 황제에 올랐다. 재위 4년 만인 1910년 대한제국이 일제에 강제합병 된 후에는 창덕궁 이왕으로 불렸다. 1926년 창덕궁에서 53세의 나이로 승하하였다. 슬하에 자녀는 없으며 왕릉은 유릉이다.

순종은 2세 때에 왕세자에 책봉되었지만 공식적인 공부는 7세부터 시작하였다. 이해에 강학청이 설치되었던 것이다. 이후 1907년 34세의 나이로 황제가 될 때까지 27년간 후계자 교육을 받았다.

순종이 왕세자 때 공부한 연령별 강학교재

연령	강학교재	교재내용
7-9세	효경(孝經)	효도에 관한 중국의 유교경전
9-15세	소학(小學)	주희와 유청지가 쓴 아동의 유교윤리서
9-10세	동몽선습(童蒙先習)	박세무가 쓴 유교윤리 및 한국과 중국의 역사개설서
15-16세	대학(大學)	국가통치론에 관한 중국의 유교경전
16세	논어(論語)	공자의 언행록
16-18세	맹자(孟子)	맹자의 언행록
18-19세	중용(中庸)	철학에 관한 중국의 유교경전
19세	시경(詩經)	중국의 고대 시가 및 문학에 관한 유교경전

조선시대 서민과 사대부의 교육기관 및 방법

조선시대는 유교 윤리가 지배한 사회였다. 개인생활뿐만 아니라 사회 생활을 위해서도 유교 교양을 학습해야 했다. 양반관료가 되기 위한 문과 시험에 합격하기 위해서도 유교를 공부해야 했다.

그러므로 조선시대 서민과 사대부를 위한 공교육 제도는 유교 교육에 집중되어 있었다. 사부학당과 향교 그리고 성균관이 그것이었다.

사부학당과 향교는 여덟 살 된 아동들이 입학하는 초중등 교육기관이었다. 이에 비해 성균관은 사부학당과 향교를 졸업한 학생들이 입학하는 고등교육기관이었다.

조선시대의 사부학당은 서울의 중부, 동부, 서부, 남부에 설치된 4개의 교육기관이었다. 이곳에는 서울에 거주하는 서민과 사대부의 자제 중 여덟 살 된 아동들이 입학할 수 있었다. 입학정원은 각 학당별로 100명이었다.

사부학당은 기숙 시설을 갖추고 있었다. 학교 운영에 필요한 경비는 국가에서 부담하였다. 수업은 소학과 사서삼경을 위주로 하는 유교 교육이었다. 수업은 성균관에 소속된 선생님들이 담당하였다.

사부학당이 서울 아이들을 위한 교육기관이었음에 비해 향교는 지방의 아이들을 위한 교육기관이었다. 조선시대 향교는 수령이 파견되는 전국의 지방군현에 하나씩 설치되었다.

조선시대 수령의 업무평가 항목에는 향교진흥이 들어 있었다. 이는 수령이 성심을 다해 향교를 발전시키도록 하기 위해서였다. 이에 따라 대부분의 향교는 지방의 관아와 가까운 곳에 위치하게 되었다.

조선시대의 향교도 사부학당과 마찬가지로 초중등학교 교육에 해당하였다. 지방의 아동들 중에서 열 살 안팎의 학동들이 향교에 입학하였던 것이다. 향교에는 지방의 크기에 따라 15명에서 50명 정도의 학생들이 입학하였다.

향교에서는 국가에서 임명된 선생님들이 교육을 담당하였다. 향교도 사부학당과 마찬가지로 기숙시설을 갖추고 있었다. 아울러 향교의 재정을 위하여 국가에서 토지와 노비를 지급하기도 하였다. 향교의 교육과목도 소학과 사서삼경을 위주로 하는 유교 교육이었다.

사부학당이나 향교에서 공부하는 학생들의 최종 목표는 과거시험에 합격하여 양반관료가 되는 것이었다. 3차 시험으로 이루어진 과거에 합격하려면 우선 1차 시험에 합격하여야 했다.

1차 시험에 합격하면 생원, 진사가 되었다. 이들이 성균관에 입학하여 소정의 교육을 받고 과거시험 2차에 응시하는 것이었다.

그러므로 성균관은 사부학당과 향교 졸업생들이 입학하는 고등교육기관이며 동시에 2차 과거시험을 준비하는 기관이기도 하였다. 성균관도 기숙시설을 갖추고 있었으며 정원은 200명이었다. 성균관의 교육과목도 소학과 사서삼경을 위주로 하는 유교교육이었다. 성균관 학생들은 과거시험 2차에 합격하면 자동 졸업이 되었다.

이처럼 조선시대의 사부학당, 향교, 성균관은 유교 교육기관이며 동시에 과거시험을 준비하는 기관이기도 하였다. 조선시대를 주도한 양반관료들은 이같은 공교육 기관에서 유교 교육을 받고 과거시험에 합격한 사람들이었다.

그렇지만 조선시대 공교육에 유교 교육만 있었던 것은 아니었다. 국가운영과 개인생활에 필요한 각종 전문기술교육도 필요하였기 때문이다. 특히 통역관, 의사, 천문학자, 지리학자, 운명학자, 법률가 등을 양성하기 위한 공교육이 그러하였다.

조선시대의 통역관 교육은 중국, 일본 등과의 외교를 수행하기 위한 필요에서 이루어졌다. 통역관 중에서 공식적인 교육과정이 설치된 과목은 중국어, 몽고어, 여진어, 일본어 4과목이었다. 이런 외국어 교육을 역학(譯學)이라고 하였다.

조선시대의 역학은 사역원이라는 곳에서 담당하였다. 사역원은 서울은 물론 지방에도 역학 기관을 두고 통역관을 양성하였다. 즉 서울에서는 중국어, 몽고어, 여진어, 일본어를 종합적으로 교육하였지만 중국과의 교류가 활발한 의주에는 중국어 역학을 두고 일본과의 교류가 활발한 부산에는 일본어 역학을 두었던 것이다.

사역원의 역학 교육은 해당 외국어 교재를 반복적으로 읽고 쓰고 외우는 방식이었다. 교재에는 외국어 원문, 한글 발음, 번역문 등이 모두 들어있었다.

조선시대의 의사들은 궁중의 왕족들을 비롯하여 서울과 지방 사람들의 건강을 위해 양성되었다. 의사들을 양성하기 위한 교육을 의학(醫學)이라고 하였다. 의학은 전통적인 동양 한의학을 이론과 실습을 통해 교육시키는 것이었다.

천문학자, 지리학자, 운명학자를 양성하는 교육은 음양학(陰陽學)이라고 하였다. 조선시대의 음양학은 관상감이라는 관청에서 주관하였다.

법률가들을 양성하는 교육은 율학(律學)이었다. 물론 조선시대의 율학은 당시 법률을 담당하던 형조에서 주관하였다. 역학, 의학, 음양학, 율학을 공부한 학생들은 국가시험에 합격한 후 해당 관청에서 해당 분야의 전문가로 활동하였다.

그런데 조선시대는 양반관료들이 주도하였으므로 역학, 의학, 음양학, 율학을 공부한 전문가들은 상대적으로 지위가 열악하였다. 예컨대 양반들이 유교를 공부하고 보는 과거시험은 대과라고 하였지만 역학 등을 공부한 전문가들의 시험은 잡과라고 하였다. 신분적으로도 이들 전문가는 중인이라고 하였다.

그렇지만 이보다도 더 열악하게 교육을 담당하던 이들이 있었다. 음악, 미술, 공예 등 예체능교육을 담당한 예능인들이 그들이었다. 음악, 미술, 공예를 공부한 예능인들은 대과나 잡과 같은 공식적인 필기시험도 없었다. 필요한 예체능을 갖추고 있는지 실기시험만 치렀다. 신분도 중인보다 더 하층인 천민이었다. 그렇지만 조선시대의 음악, 미술 등 예술을 담당한 계층은 바로 이들이었다.

조선시대에도 지금처럼 공교육 이외에 사교육이 있었다. 사교육은 과거시험을 위한 유교 교육이 중심이었다.

조선시대 사교육의 핵심은 서당과 서원이었다. 서당은 여덟 살 정도 된 아이들이 입학하는 초중등교육과정이었다. 이는 공교육의 향교나 사부학당에 해당한다고 할 수 있다. 이에 비해 서원은 성인들을 위한 고등교육기관이었다. 이처럼 조선시대의 공교육과 사교육의 중심은 유교교육으로서 이같은 교육을 받고 과거시험에 합격한 양반들이 왕과 함께 국가를 운영하였던 것이다.

국립교육기관

초중등 유교 교육기관

명칭	입학연령	교재
사부학당(한양)	8세 이상 남자	소학, 논어, 맹자, 중용, 대학, 효경, 삼강행실 주자가례, 사략 등
향교(지방)	8세 이상 남자	소학, 논어, 맹자, 중용, 대학, 효경, 성리대전 삼강행실, 근사록, 주자가례, 통감, 고문진보 등

고등 유교 교육기관

명칭	입학연령	교재
성균관	사부학당의 15세 이상 합격생 향교의 생원, 진사 합격생	논어, 맹자, 중용, 대학, 시경, 서경, 역경, 효경, 춘추, 근사록, 성리대전, 통감, 좌전, 경국대전, 동국통감, 논술교재 등

전문 기술교육기관

명칭	교육내용	교재
역학(譯學)	중국어, 몽고어, 여진어, 일본어등 외국어 교육	중국어 : 노걸대(老乞大), 박통사(朴通事) 등 몽고어 : 왕가한(王可汗), 어사잠(御史箴) 등 여진어 : 소아론(小兒論), 팔세아(八歲兒) 등 일본어 : 소식(消息), 첩해신어(捷解新語) 등
의학(醫學)	한의학 교육	찬도맥(纂圖脉), 동인경(銅人經), 본초(本草), 부인대전(婦人大全), 태산집요(胎産集要) 등
음양학(陰陽學)	천문, 지리, 운명 등 교육	천문학 : 보천가(步天歌) 등 지리학 : 청오경(靑烏經), 금낭경(錦囊經) 등 운명학 : 원천강(袁天綱), 서자평(徐子平) 등
율학(律學)	법률 교육	대명률(大明律), 당률소의(唐律疏議), 경국대전(經國大典) 등
화학(畵學)	그림 교육	그림의 이론 및 실기
악학(樂學)	음악 교육	음악의 이론 및 실기
산학(算學)	수학 교육	수학의 이론 및 실기
도학(道學)	도교 교육	도교의 이론 및 실기

사립교육기관

초중등 유교 교육기관

명칭	입학연령	교재
서당	8세 전후의 아동	천자문, 동몽선습, 유합, 소학, 논어, 맹자, 중용, 대학 등

고등 유교 교육기관(서원 중 경상북도 영천의 임고서원(臨皐書院) 사례)

명칭	입학연령	교재
임고서원	20세 이상	논어, 맹자, 중용, 대학, 시경, 서경, 역경, 춘추, 소학, 주자가례 등

    과거 동양의 학자들은 선배들의 주(注)와 소(疏)를 통해 공부하고 자신들의 공부 결과도 주와 소로 남겼다. 주는 '물을 댄다'는 뜻이고 소는 '소통시킨다'는 뜻이라고 한다. 선배들이 필생의 노력으로 축적한 거대한 지식의 호수에 작은 물길을 내어 소통시키는 것이 주와 소인 것이다.

    생각해 보면 필자가 이 책에서 시도한 것도 그와 다르지 않다. 필자는 우리 조상들이 인간 교육에 대해 온축해 놓은 지혜의 바다에 감히 접근하고자 했다. 나아가 그 지혜의 물줄기를 능력이 허락하는 대로 오늘날의 문제 속으로 틀어넣으려 했다.

    그러나 불안한 마음이 적지 않다. 그 지혜의 바다에 정말 가보기는 했는가? 그 바다의 넓이와 깊이를 올바르게 헤아리기나 했는가? 어느 것 하나 자신이 없다. 무엇보다도 불안한 것은 제대로 물길을 튼 것인지 하는 점이다.

    물은 길을 따라 흐른다. 물이 잘 흘러 목적지로 가려면 물길이 좋아야 한다. 돌이켜보면 그 물길은 결국 필자 자신일 수밖에 없다.

    위안이라면 최선을 다했다는 점이다. 필자의 크기와 넓이를 다해 우리 조상들이 온축해 놓은 지혜의 물줄기를 실어나르려 했다.

    옛사람들이 책의 말미에 '훗날의 군자를 기다린다'고 쓴 심정이 현재 필자의 마음이다. 세상에서 아주 버림받는 글이 되지 않는다면 누군가는 이

글을 보지 않겠는가? 필자의 뜻과 노력이 헛되지 않아 훗날의 군자가 거대한 운하를 뚫을 때 이 글이 조금의 보탬이라도 되었으면 하는 바람이다.

2005년 4월

신명호

■ 참고문헌

– 원전사료

『강관론(講官論)』(최한기)

『강학청일기(講學廳日記)』

『격몽요결(擊蒙要訣)』(이이)

『경국대전(經國大典)』

『계녀서(戒女書)』(송시열)

『계축일기(癸丑日記)』

『고려사』

『국조오례의(國朝五禮儀)』

『내훈(內訓)』(인수대비 한씨)

『단암만록(丹巖漫錄)』(민진원)

『대군공주어탄생의제(大君公主御誕生의制)』

『대대례(大戴禮)』

『대산 주역강의』(김석진)

『대전회통(大典會通)』

『동몽선습(童蒙先習)』(박세무)

『동의보감(東醫寶鑑)』

『동의수세보원(東醫壽世保元)』(이제마)

『동호문답(東湖問答)』(이이)

『만기요람(萬機要覽)』

『백호통(白虎通)』(반고)

『보양청일기(輔養廳日記)』

『부모은중경(父母恩重經)』

『비변사등록(備邊司謄錄)』

『사서집주(四書集註)』(주희)

『삼재도회(三才圖會)』

『성리대전(性理大典)』

『성학십도(聖學十圖)』(이황)

『성학집요(聖學輯要)』(이이)

『소녀경(素女經)』

『소학(小學)』(주희, 유청지)

『승정원일기(承政院日記)』

『시강원지(侍講院志)』

『심청전』

『십삼경주소(十三經注疏)』

『양아록(養兒錄)』(이문건)

『연려실기술(燃藜室記述)』(이긍익)

『열녀전(列女傳)』(유향)

『열성조계강책자차제(列聖朝繼講冊子次第)』

『열성진강책자목록(列聖進講冊子目錄)』

『유합(類合)』(서거정)

『용재총화(慵齋叢話)』(성현)

『육전조례(六典條例)』

『인정(人政)』(최한기)

『일성록(日省錄)』

『임하필기(林下筆記)』(이유원)

『입학도설(入學圖說)』(권근)

『조선견문기』(알렌)

『조선왕조실록』

『주자가례(朱子家禮)』(주희)

『증보문헌비고(增補文獻備考)』

『천자문(千字文)』

『춘추일기(春秋日記)』

『태교신기(胎敎新記)』(사주당 이씨)

『태산집요언해(胎産集要諺解)』(허준 언해)

『퇴계집(退溪集)』(이황)

『한중록(閑中錄)』(혜경궁 홍씨)

『호산청소일기(護産廳小日記)』

『호산청일기(護産廳日記)』

『황제내경소문(黃帝內經素問)』

『효명세자입학도감의궤(孝明世子入學都監儀軌)』

『훈몽자회(訓蒙字會)』(최세진)

- 단행본

김용숙, 『조선조 궁중풍속연구』, 일지사, 1987

강태훈, 『경연과 제왕교육』, 재동문화사, 1993

이원섭, 『왕실양명술』상, 초롱출판사, 1993

이원섭, 『왕실양명술』, 중-하, 초롱출판사, 1994

신동원·김남일·여인석 지음, 『한 권으로 읽는 동의보감』, 들녘, 1999

이원섭, 『태교보감』, 동방미디어, 2000

신명호, 『조선왕실의 의례와 생활, 궁중문화』, 돌베개, 2002

백승헌, 『왕실의 궁중건강비법』, 하남출판사, 2003

이기문 · 김진희, 『조선왕실 천재교육』, 오성출판사, 2003

김문식 · 김정호, 『조선의 왕세자 교육』, 김영사, 2003

신명호, 『궁궐의 꽃, 궁녀』, 시공사, 2004

박영규, 『환관과 궁녀』, 김영사, 2004

백승헌, 『700년 앞서간 조선왕실의 천재교육』, 이지북, 2005

조선 왕실의 자녀교육법

2005년 5월 6일 | 초판 1쇄 발행
2011년 7월 20일 | 초판 5쇄 발행

지은이 | 신명호
발행인 | 전재국

본부장 | 이광자
단행본개발실장 | 박지원
책임편집 | 강정화
마케팅실장 | 정유한
책임마케팅 | 정남익 노경석 조용호 신재은
제작 | 정웅래 박순이

발행처 | (주)시공사
출판등록 | 1989년 5월 10일(제3-248호)

주소 | 서울특별시 서초구 서초동 1628-1(우편번호 137-879)
전화 | 편집 (02)2046-2861 · 영업 (02)2046-2800
팩스 | 편집 (02)585-1755 · 영업 (02)585-0835
홈페이지 www.sigongsa.com

ISBN 978-89-527-4310-7 03900